沙盘游戏与应用

沙盘游戏与讲故事

SANDPLAY AND STORYTELLING

想象思维对儿童学习与发展的影响

The Impact of Imaginative Thinking on Children's Learning and Development

[美] 芭芭拉·A.特纳〔Barbara A.Turner〕
[冰岛] 克里斯汀·尤斯坦斯杜蒂尔〔Kristín Unnsteinsdóttir〕 著
陈 莹 王大方 译

北京师范大学出版集团
BEIJING NORMAL UNIVERSITY PUBLISHING GROUP
北京师范大学出版社

Sandplay and Story Telling：The Impact of Imaginative Thinking on Children's Study and Development by Barbara A. Turner and Kristín Unnsteinsdóttir

Copyright © 2011 BY Barbara A. Turner and Kristín Unnsteinsdóttir

Simplified Chinese edition copyright：2013 Beijing Normal University Press(Group)Co.,LTD

All rights reserved.

北京市版权局著作权合同登记图字 01-2013-2505 号

图书在版编目(CIP)数据

沙盘游戏与讲故事：想象思维对儿童学习与发展的影响／
（美）特纳，（冰岛）尤斯坦斯杜蒂尔著；陈莹，王大方译.
—北京：北京师范大学出版社，2015.7 (2020.1重印)
（沙盘游戏与应用）
ISBN 978-7-303-18046-2

Ⅰ．①沙… Ⅱ．①特…②尤…③陈…④王… Ⅲ．①儿童
-精神疗法-心理治疗 Ⅳ．①B84

中国版本图书馆 CIP 数据核字（2014）第 237427 号

营 销 中 心 电 话　010-58802181 58805532
北师大出版社高等教育分社网　http://gaojiao.bnup.com
电 子 信 箱　gaojiao@bnupg.com

SHAPAN YOUXI YU JIANGGUSHI

出版发行：北京师范大学出版社 www.bnupg.com
　　　　　北京市西城区新街口外大街12-3号
　　　　　邮政编码：100088
印　　刷：保定市中画美凯印刷有限公司
经　　销：全国新华书店
开　　本：170 mm × 230 mm
印　　张：13.5
字　　数：254 千字
版　　次：2015 年 7 月第 1 版
印　　次：2020 年 1 月第 4 次印刷
定　　价：59.00 元

策划编辑：何　琳　　　责任编辑：何　琳
美术编辑：袁　麟　　　装帧设计：李尘工作室
责任校对：李　菌　　　责任印制：马　洁

在这一盘中，汉娜解开了最复杂的谜题，到达了自性的中心。

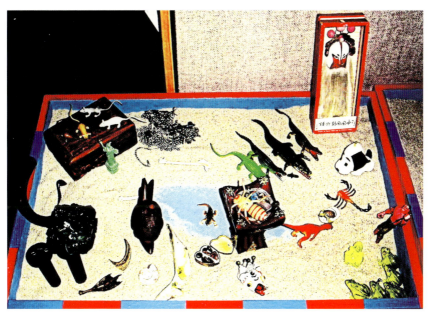

在这个沙盘中，阿里的场景从远古、黑暗的地方转换到日常生活的场面，这通常暗示着深藏在潜意识中的新的心理品质正在融入意识层面。

　　沙盘四角的羽毛，意味着来访者的心灵来到了一个重要的临界点。在这个沙盘中，阿尔达面对了自己所经历的痛苦和虐待，接纳了这个事实，并将她的痛苦和丧失都交给了神圣的自性。

　　菲利普的沙盘9是"自性的展现"。在这一盘中，他接触到心灵的最深处，将自己新发展的心理品质固定在人格的中心原型中。

序

　　传统教育领域中很少有研究儿童潜意识和内在心灵的书籍。弗洛伊德和荣格并没有特别致力于将他们的心理学理论应用于教育。弗洛伊德的一些学生却在该领域做出了突出贡献，包括阿尔弗雷德·阿德勒（Alfred Adler，1978）、布鲁诺·贝托汉［Bruno Bettelheim、泽兰（Zelan）和贝托汉，1982］、鲁道夫·德瑞克斯［Rudolf Dreikurs，德瑞克斯和丁克迈耶（Dinkmeyer），2000］、威廉·格拉瑟（William Glasser，1975）和亚历山大·萨瑟兰德·尼尔（A. S. Neill，1984）。荣格的学生中，弗朗西斯·威克斯（Frances Wickes）于1988年出版了一本很棒的书《童年时期的内心世界》（*The Inner World of Childhood*），另外克利福德·梅斯（Clifford Mayes，2005）也进行了一些创新性的研究。总的来说，该领域还是一块待开发的处女地。因此，这样一本将沙盘游戏疗法直接应用于教育领域的新书给人耳目一新的感觉。

　　这本内容丰富的书由美国心理治疗师芭芭拉·A. 特纳（Barbara A. Turner）和冰岛儿童学习专家克里斯汀·尤斯坦斯杜蒂尔（Kristín Unnsteinsdóttir）合作完成，通过将富有想象力的讲故事法与沙盘游戏相结合，让我们得以从不同的角度来理解四名有学习困难的孩子。相信这本书的问世将为该领域的研究带来深远的影响，同时也希望在未来有更多的教育工作者和心理学家会继续扩展在此领域的研究。

　　当前的教育形势很糟糕。我们的孩子一天6小时、一周5天、一年40周坐在教室里，但只有很少的研究者去关注在孩子们意识经验的表象下，他们的内心都发生了什么变化。许多孩子都带着心灵创伤来到教室：亲人亡故、父母

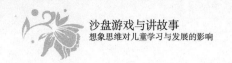

离异、身体的伤害或性虐待、校园暴力，还有心理或身体的疾病等。当孩子们开始出现学习困难，教育工作者并没有去探究他们的内在心理，而是快速地给孩子贴上各种"标签"（注意缺陷障碍 ADD、注意力缺陷过动症 ADHD、学习障碍、阅读障碍等），然后使用一些根本无法反映孩子丰富内心世界的技术来加以"解决"。这本书对于在学校中过度"理性"对待孩子的现状是一剂良方。

在本书中，您将会看到一个 9 岁的女孩阿尔达（Alda），她有阅读障碍但可以轻松自如地唱歌、跳舞，当她开始讲故事并用沙具表达出自己的沙盘世界时，她的"阅读障碍"和"ADHD"都得到了改善。您会开心地看到 8 岁的菲利普（Filip）在沙盘中风趣、幽默的表达，他创造了名为"美丽丛林和危险雕像"以及"海盗游乐场的秘密"的世界。您会渐渐理解让菲利普被贴上注意力缺损症标签的那些课堂上的"神游"、开小差，终于能够在沙盘中找到它们的"圣殿"（希腊人称之为"temenos"），在这里，他的想象力得以自由地挥洒，而这正是疗愈中的转化，并最终使他的症状得到极大的改善，甚至还提高了他的 IQ 分数。实际上，这也是本书的重大发现之一——通过探索孩子们的潜意识，提高了他们的智力测验分数。这是首次揭示孩子内在心理动力与智力测验之间惊人联系的研究。在教育心理学领域，我们一直在使用 IQ 测验作为评估孩子"潜力"的指标。《沙盘游戏与讲故事》告诉我们这种观点有多么可笑，当我们开始拥抱孩子深不可测的内心世界时，我们将看到孩子无限的潜能。同时，这本书帮助我们了解，在孩子触摸沙子、在沙盘中创作内在自我的原型及象征性内容的过程中，身体的动作和心灵的变化对孩子大脑的积极影响。随着我们对认知神经科学和孩子大脑发育的了解越来越多，我们开始明白孩子们有机会参与丰富的需要调动多感官的多元智能活动，如讲故事和沙盘游戏等，从而帮助他们整合大脑左右脑的功能，整合大脑边缘区域和新皮层区域是多么的重要。我要祝贺芭芭拉·特纳和克里斯汀·尤斯坦斯杜蒂尔为转化型学习和整合心理学所做出的卓越贡献，同时我希望他们的这本书可以让世界上越来越多的儿童通过讲故事和沙盘游戏获益。

托马斯·阿姆斯特朗（Thomas Armstrong）博士

2011 年 10 月

目录

第一章
综述

芭芭拉·A. 特纳

您好，我是芭芭拉·A. 特纳，一名专业从事荣格理论取向沙盘游戏治疗的心理治疗师。我最初对沙盘游戏的兴趣来源于这一疗法在临床工作中取得的非凡效果。1988年，在瑞士我开始跟随沙盘游戏疗法的创始人朵拉·卡尔夫(Dora Kalff)学习。在旧金山的加州整合学院(California Institute of Integral Studies)转化型学习系攻读博士学位时，我就以沙盘游戏为媒介，来研究个体、社会和全球的变化。我对该疗法一直保持着高度的热情，并决定研究沙盘游戏疗法是如何让心灵发生改变的。这一研究推动着我于2005年撰写了《沙盘游戏疗法手册》(*The Handbook of Sandplay Therapy*)一书。在此之前，我还再版了一些沙盘游戏疗法的经典书籍，包括2003年出版的朵拉·卡尔夫撰写的《沙盘游戏：通往心灵的心理治疗方法》(*Sandplay：A Psychotherapeutic Approach to the Psyche*)、2004年出版的埃斯特尔·魏茵瑞博(Estelle L. Weinrib)撰写的《自性的意象：沙盘游戏治疗过程》(*Images of the Self：The Sandplay*

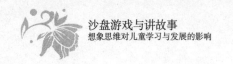
Therapy Process)以及 2004 年出版的赫伯特·乔治·威尔斯(H. G. Wells)撰写的《地板游戏：一位父亲的游戏记录与疗愈的馈赠》(*Floor Games：A Father's Account of Play and Its Legacy of Healing*)。在临床工作中，我将沙盘游戏疗法应用于成人和儿童已经有 20 多年的时间，现在我将精力集中在培训沙盘游戏治疗师和专业书籍的写作上。

2007 年，通过我的沙盘游戏疗法理论基础网络课程，我有幸结识了克里斯汀·尤斯坦斯杜蒂尔。通过交流，我了解到她在荣格心理学方面拥有广博的学识，同时她在童话研究和讲故事方面也具有颇深的专业造诣。在她完成沙盘游戏课程不久之后，我们开始探讨她的儿童沙盘游戏工作。

我很快了解到作为儿童学习专家的尤斯坦斯杜蒂尔博士在她所在的学校进行过一项著名的研究。稍后我们将对该研究进行深入的介绍。简略地说，一群有许多情绪、行为和学习问题的小学生被转介到她的办公室。她对这些孩子进行了大量的前测和后测，用于测量他们的情绪状态、行为问题、信息加工水平、学习模式和 IQ 智商分数，等等。研究结果表明，除了情绪和行为问题得到改善以外，几乎一半孩子的智商分数都有大幅度提高。

该研究激起了我极大的兴趣。虽然这只是一项研究，但该研究的临床数据具有重要的意义，并且对于将沙盘游戏广泛应用到教育领域具有深远的影响。尤斯坦斯杜蒂尔博士的学术背景是教育与分析心理学，而我是宗教研究、咨询心理学和转化型学习。我一直坚信跨学科研究的重要意义，跨越学科的界限有助于为我们的工作带来新的信息、见解、视野和可能。本专业领域外的专家，除了可以让我们了解更多的知识，还可以为我们提供全新的视角。因此，尤斯坦斯杜蒂尔和我共同努力，与那些将沙盘游戏应用于教育领域感兴趣的教育工作者和心理健康工作者分享这一内容。希望这会促进教师与接受过沙游疗法培训的学校咨询师、艺术治疗师、心理咨询师之间新的合作。

我的沙盘游戏之路

克里斯汀·尤斯坦斯杜蒂尔

　　37 年前，当我开始自己的职业生涯时，我没想到自己将走上用沙盘游戏和讲故事与儿童一起工作的道路。然而，随着时间的推移，我的兴趣逐渐放在了儿童的发展上。我尤其关注他们的情绪发展，以及可以利用想象力和创造力让孩子进入自己内心世界的方法。

　　我的第一份工作是在一家公立图书馆当儿童图书管理员，不久之后，我调到了学校图书馆，在那里我开始对教育产生了兴趣。在攻读基础教育学硕士和教育学博士期间，我都是对民间传说、童话故事进行研究。在读博士期间，我还对儿童原创童话故事以及这些故事作为儿童教育和情绪发展的催化剂效应进行了研究。在研究中，我使用了分析心理学的理论和结构心理学的模型。完成论文答辩后，我继续学习分析心理学。这是我第一次了解到沙盘游戏疗法。我找到了一位住在我曾居住过的英格兰一座小城附近的沙盘游戏治疗师，并开始了我个人的沙盘游戏历程。不久之后，我完成了博士学业，回到了家乡冰岛。当时是 2002 年，至今我还在继续自己的沙盘游戏历程以及沙盘游戏研究工作。

　　回到雷克雅未克后，我开始在一所公立小学工作，担任学习中心的主任。从一开始，我就决定要将沙盘游戏和讲故事应用于有学习障碍、阅读困难、注意力和/或情绪问题，需要帮助的学生。我坚信自己能为这些孩子提供的支持，一定来源于我所熟知并非常感兴趣的领域。同时，我认为孩子们解决所有问题的最强大的工具就是他们的想象力，而我的任务就是帮助他们找到自己的这种内在资源。在我阅读过的所有有关沙盘游戏疗法的文献中，我没有发现在学校中系统运用这种方法的任何介绍，直到我偶然看到了一篇描述沙盘游戏对阅读技巧的积极作用的文章(Noyes, 1981)。这支持了我的想法，并开始对有可能在学习中心开展相关的工作感到兴奋不已。

　　我开始与定期来访的孩子们进行沙盘游戏操作。有时候一个孩子会把全部时间都放在玩沙上，有时候我们会做一些和沙盘游戏相关的活动。与此同时，我一直紧密地与学校心理咨询师合作，就我的沙盘游戏案例进行大量的探讨和督导。

　　很快我意识到自己忽略了进行相关的研究工作，后来我获得了研究许可，这项研究从 2005 年持续到 2009 年。研究的名称是《沙盘游戏和讲故事对儿童

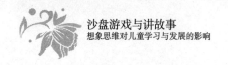

自我意象、学习发展、心理健康以及社交技巧的影响》。本书中所展示的案例全部来自该项研究。最近我又获得了一项研究许可，让我可以重新采集数据。

在学习中心进行研究的最初几年时间里，我感受到了专业工作上的孤独感。因为在冰岛没有人使用朵拉·卡尔夫创立的荣格理论取向的沙盘游戏疗法。在经历了多年国外学习后，我也没有长时间离家继续深造的打算。幸运的是 2007 年我联系上了芭芭拉·特纳。2010 年，在对我研究的数个沙盘游戏个案督导后，我们决定合作编写一本在学校背景下定期使用沙盘游戏和讲故事的书。能够有机会与芭芭拉一起合作对我来说弥足珍贵，并且使我的研究进入了超出我想象的专业领域。作为良师益友，芭芭拉不仅是一位经验极其丰富、知识渊博的沙盘游戏治疗师、学者，还是一个慷慨大方、虚心开明的人，她的幽默感让我与她共事的时光快乐而难忘。

第二章
沙盘游戏疗法

芭芭拉·A. 特纳

沙盘游戏疗法简介

沙盘游戏疗法是一种心理治疗方法,最初是一种对儿童进行荣格心理分析的方法。沙盘游戏起源于20世纪初在伦敦工作的一位医师玛格丽特·洛温菲尔德(Margaret Lowenfeld)博士的开创性工作。洛温菲尔德出生于波兰,具有双重国籍。在遭受了毁灭性的第一次世界大战的破坏后,她访问了自己的祖国波兰,并为在战争中遭受严重创伤的儿童所痛心。这次经历促使她决定要找到一种和儿童一起有效工作的方法,让她能够理解孩子们内心的想法。

洛温菲尔德曾读过一本由著名的社会评论家赫伯特·乔治·威尔斯写的书——《地板游戏:一位父亲的游戏记录与疗愈的馈赠》(Turner,2004)。在这本精彩的书中,威尔斯介绍了他的孩子利用木块和微缩小模型在儿童房的地板上建立起想象世界的过程。凭借自己独特的智慧和幽默，威尔斯描述了孩子们的游戏，以及这些游戏对他们创造力发展的重要作用。他向父母以及叔叔阿姨们强调了游戏对于孩子的价值和意义。受此启发，洛温菲尔德为诊所的孩子们带去了各种各样的人物模型。不久之后，她发现孩子们将诊所一侧柜子里面的模型拿了出来，并在房间里的沙箱中玩了起来。这激发了她创作沙盘的灵感，在沙盘中，每个孩子都可以建立一个微缩的世界。可以说，是儿童自然的游戏天性创造出了沙盘游戏。洛温菲尔德将她这种方法称为"世界技法"。洛温菲尔德的方法是让孩子在沙盘中建立一个小世界，然后他们一起来讨论这个"世界"。

朵拉·卡尔夫因第二次世界大战离开了自己的祖国荷兰，居住在瑞士，在卡尔·古斯塔夫·荣格和艾玛·荣格家附近。在同艾玛·荣格完成自我分析后，卡尔夫开始选择自己的职业方向。卡尔·古斯塔夫·荣格说他注意到自己的孙子从卡尔夫的家玩过回来后，状态总是比较好，因此，他建议朵拉·卡尔夫可以探索一种对儿童进行荣格心理分析的方法。

卡尔夫了解儿童的能力和发展水平，她知道这种方法一定要以游戏为基础，基本上是非言语，不分析的。后来卡尔夫认识了洛温菲尔德博士，并对她的世界技法产生了兴趣。随后，卡尔夫在伦敦跟随洛温菲尔德学习世界技法，很快她认识到发生在儿童世界作品里的正是荣格所描述的"自性化过程"。她同时还发现当治疗师见证了孩子的工作，而不使用洛温菲尔德方法中的问题和对话来干扰孩子时，对人的发展是最有利的。卡尔夫和洛温菲尔德讨论了彼此工作方法的不同，并同意分成两个彼此独立的疗法。洛温菲尔德继续称她的方法为"世界技法"，而卡尔夫则称她的方法为"沙盘游戏"。

尽管沙盘游戏最初用于儿童，但成人很快也对这种方法开始感兴趣，并开始在咨询中进行沙盘游戏操作。沙盘的尺寸为 72.39 英寸×49.53 英寸×7.62 英寸，里面放入一半深的沙。沙盘内侧涂成天蓝色，这样来访者就可以挖沙、创建湖泊、河流和设计图案，等等。咨询室通常准备两个沙盘：一盘湿沙，可以雕刻和造型；另一盘是干沙。代表现实生活和幻想世界中所有内容的小模型——沙具就放在附近的架子上。简单的手工材料，如纸、线绳、木棍和胶水等也和沙具放在一起，有时候来访者找不到合适的沙具，会自己动手制作所需的东西。这种治疗方法被称为沙盘游戏疗法。沙箱就是沙盘。换句话说，我们将个体制作完成一个沙盘作品称为做完了一次沙盘或一次沙盘游戏。而通过一系列沙盘的制作从而完成的心理工作被称为沙盘游戏过程或历程。

治疗师会鼓励来访者在沙盘中制作自己想做的一切。在来访者制作的过程中，治疗师静静地观察，并记录下他们做了什么、使用了什么沙具等。来访者制作完成时，治疗师和他一起静静地观察沙盘。对于儿童来访者，治疗师可能会问他这个沙盘是否有名字或故事。对于成人，则通常会问在制作沙盘时是否联想到了什么。有时候他们会说，有时候不会。治疗师会记录下他们说的内容，并对沙盘拍照进行直观记录，然后在来访者离开后将沙盘拆除。

　　沙盘游戏疗法表面上看似简单。将一堆玩具和一盘沙放在一起当然并不难。但是，在沙盘游戏过程中所发生的事情却很复杂，要求治疗师必须经过良好的培训。沙盘游戏疗法在心灵的深层进行工作，内在的心灵会被深深地唤起。为了保证治疗过程的安全，治疗师必须努力去理解过程中发生的一切并且必须对可能发生的任何情况做好应对的准备。为了达到这样的专业能力，就要求治疗师除了对心理学有系统的学习以外，还必须要经历大量的自我成长历程。目前，对沙盘游戏疗法的培训由国际沙盘游戏学会(ISST)及其区域分支机构如美国沙盘游戏治疗师协会(STA)负责。有关这些组织的更多信息可以参见附录——相关资源一章。

沙盘与沙具

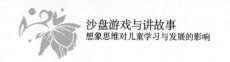
沙盘游戏疗法的作用机制

沙盘游戏疗法是一种基于想象的心理治疗方法，主要启用的是人的右脑。它以荣格的人格理论为基础，核心原则就是人的心灵天生就具有自我疗愈和自我整合的倾向。在沙盘游戏中，荣格的理论是理解该疗法如何起效导致心灵变化的理论基础。在本书中我们将提到荣格的人格理论，并且将定义出现的新术语。

荣格认为人的心灵不是杂乱无序的，而是具有中心成序原则的特征，也就是他定义的"自性"（Self）。在适当的条件下，这种先天的自我疗愈能力以及向着自性整合的自我成长趋势就会被激活。朵拉·卡尔夫（2003）指出在沙盘游戏中，这种条件就是自由与受保护的空间。沙盘游戏是自由的，因为它为来访者提供了无限的可能。同时，它也是安全的，因为沙盘本身有边界，就像是一个容器。更重要的是，这个安全的空间是在经过良好培训的治疗师在场的情况下创建的。在沙盘游戏中，治疗师是最重要的工具。

在荣格早期的研究中（1976），他发现人有两种思维类型。其中一种为普通思维，即定向思维，它以理性和逻辑为基础。思维的形式具有顺序性和合理性，是大多数人左脑的功能。荣格发现这种思维没有自己的独立性，而好像是由一种潜在思维模式演化而来，他将这种潜在的思维方式定义为发散思维。这种思维是非理性的，有其自己的形式，以图像和象征为特征。根据这些观察，荣格发展了他的潜意识和意识理论。稍后我们将探讨定向思维和发散思维。

卡尔夫将沙盘设定为固定的尺寸，是为了符合人的视野范围，让来访者不需要左右转头。因此，人站在沙盘前更容易让理性放松下来，从而使得心智开启右脑的发散思维模式。在这种意识放松的状态下，来访者进入自己的潜意识，从一堆沙具中选择吸引他们注意的沙具。而那些引起来访者注意的沙具承载着他们内在意象的象征内容。通过这样的方式，新的思维方式的意象或象征，以具体三维的形式呈现出来。随着来访者塑造沙子的形状，在沙盘中放置沙具，形成很多不同的组合和排列，最后就完成了来访者与治疗师眼前的复杂的象征性作品。由于心灵有自愈和发展的倾向，因此，沙盘中所出现的内容就是来访者心灵即将成长发展的内容。这些象征性的内容可能会透露阻碍来访者继续成长的心理冲突，这种冲突也导致人格的发展受阻。同时这些象征性的内容还包含着解决冲突的方法。还可能体现出促进自我整合进一步发展的新的心理能力。因此，沙盘游戏过程为来访者提供了解决冲突、创伤以及痛苦的方法，同时也为人格的进一步发展提供了所需的心理内容。

　　由于右脑的图像性、开放性加工先于左脑的精确聚焦加工，因此，沙盘游戏中的象征性内容变得具体有形，并呈现来访者接下来的发展方向。在系列沙盘过程中，下一盘的内容就是在治疗师的见证下，来访者自愈和发展的下一个阶段的具体化呈现。因此，在一系列沙盘游戏历程(称为"过程")中，其实是来访者自己设定了其发展所需的步骤。这些图像、意象会持续影响他的左脑，直至完全意识化。在下一章，我们将对此进行更深入的探讨。

第三章
沙盘游戏与脑功能：沙盘游戏如何影响神经系统

沙盘游戏的设置涉及了多个身体系统。包括身体的运动、触觉、视觉、抓握和移动(沙具)等。在来访者一开始触摸沙子选择沙具时，就已产生了情绪和记忆。巴德诺赫(Badenoch，2008)研究发现人触摸沙子时的躯体感觉促进了身体、大脑边缘系统和右脑的大脑皮层的神经整合。简而言之，沙盘游戏可以激活并驱动大脑神经系统。

大脑中的人体地图(脑区功能分布图)

目前，研究人员已经发现大脑会构建心理地图，会将我们的身体与周围的空间联系起来，并会在大脑中创建一个具体的"自己"的形象(Blakeslee & Blakeslee，2008)。蒙特利尔大学(1977)的威尔德·潘菲德(Wilder Penfield)是早期脑区功能分布的发现者。潘菲德博士是一位神经外科医生，他使用轻微电击来治疗癫痫病患者，以避免癫痫发作，偶然间他发现当电流作用于大脑的不同区域时，患者身体的某些特定部位会有感觉、会产生鲜活的记忆等。而且身体产生感觉的部位还与大脑中的区域一一对应。也就是说反复刺激同一大脑区域会不断地诱发同样的反应。由此，他开始通过系统地刺激特定的大脑区域，并让护士来记录病人的反应，来绘制精确的"人脑地图"。顺便提一句：芭芭拉的婆婆就是潘菲德博士早期研究时与他一同工作的护士。

　　研究中一个非常有趣的发现就是这些大脑中的心理地图不仅作用于人体自身，并且会延展到人所处的周围空间（Blakeslee & Blakeslee, 2008）。美国加州大学洛杉矶分校的神经系统科学家马可·亚科波尼（Marco Iacoboni, 2008）解释了这一现象，他指出视觉和触觉感受区的神经细胞存在于大脑的特定区域，它们共同作用在大脑中产生了人体周围空间的地图，或者说是"个体周围"空间。亚科波尼将这一空间描述为"潜在行为"的地图。这一概念的提出，对沙盘游戏疗法有着深远的意义，沙盘游戏疗法就是在治疗师的见证下，来访者专注地与沙子及有象征意义的沙具之间不断产生交互作用的一个过程。研究结果还表明为了将某些物体包括在内，这些大脑中的心理地图具有扩大和收缩情境的功能。这意味着当来访者在沙盘中投入地工作时，他的神经系统就会将他在沙盘内制作的具有象征意义的信息融入他的心理地图，成为他"自我"的一部分。在这个"个体空间"中，象征的潜在功能激活了来访者心灵中充满活力的内在动力，希望以一种不同的方式来呈现自己，同时刺激着自身神经系统的成长。

图像对大脑的影响

　　我们知道图像、画面对心理功能有着深远的影响。在神经学家拉尔夫·哈伯（Ralph Haber, 1983）的早期研究中，发现被试的图像识别准确率高达95％。实际上，图像通常比文字更能唤起人的记忆。图像能够刺激多个维度的大脑皮层活动，包括想象，并且在产生联想、激发创造性思维和回忆方面，图像的准确度和敏锐度更高。随着近年来对心理地图研究的增多，我们可以开始理解，为什么在来访者制作完沙盘之后，沙盘中的象征性画面所具有的力量可以影响来访者很久。认识到了这种内化的象征性画面的推动力，可以让我们明白，过早地向来访者解释或讨论沙盘里的内容，是在对沙盘内容进行强迫性的意识水平的评判。由于具有象征意义的图像已经在影响来访者的大脑，这种分析或解释直接干扰了来访者神经系统的调整变化。

　　随着将具有象征意义的图像信息纳入来访者的神经系统，作为见证者的治

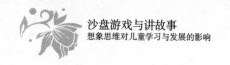

疗师的能量也同样被来访者吸收和纳入神经系统。来访者制作沙盘的过程中，在来访者与治疗师之间产生了一段微妙但却真实存在的共同经历。凭借着治疗师本人的经验、个人的心灵成长与所受的专业训练，沙盘游戏治疗师在来访者心灵转化的过程中必须充当一个支持、稳定和关爱的角色。在来访者与治疗师分享的过程中，作为见证者的治疗师所具备的力量和心灵的通透性，将在来访者因图像的刺激而进行神经重组时，为其提供稳定的力量。切记，神经重组时人的主观感受是极其不稳定的，并会有恐惧感。

神经可塑性

目前，先进的大脑成像技术和最新的研究结果揭示出：大脑中的这些心理地图是灵活、可改变的(Boleyn-Fitzgerald，2010)。早在1973年，波兰的神经生理学家杰泽·科诺尔斯基(Jerzy Konorski，1948)在他对条件反射中的大脑变化机制的研究中就首次提出了"神经可塑性"这一术语。诺尔曼·道伊奇(Norman Doidge，2007)对中风患者进行的研究也充分证明了心理地图具有高度的可塑性，具有调整和重组的功能。尽管我们不能直观地看到来访者将象征内容融入自己的心理地图时所产生的神经性影响，但我们可以确定沙盘中的图像对其产生了强大的作用。鉴于神经的可塑性，我们有理由相信这些作用于右脑的沙盘图像是调整神经系统的有力工具。

自我意识的神经性过程

现在我们来看看神经可塑性是如何影响我们的心理功能和自我意识的。首先，我们要了解大脑是如何产生自我意识的。在神经学上，人对自我的主观感受并不是一种客观事物，实际上是一个复杂的神经过程。在这个领域，尽管有着各种存在细微差别的理论和观点，但对于我们来说，最重要的是要理解自我意识是一种认知加工(Damasio，2010)。这种认知加工过程涉及我们的信念以及对现实的理解。这个过程让我们可以意识到自己的体验，让我们对体验做出反应。神经系统科学家安东尼奥·达玛西奥(Antonio Damasio，2010)说，客观的自我意识是：

> ……集中于生命体上的，通过不断进行的心理整合过程表现出来的，动态神经系统整合过程。(p. 9)

达玛西奥(2010)继续提出主观的自我意识就是我们对自己的认识，对内心自我意象的感受。这种主观的自我意识产生了我们所说的意识。人的知觉并不是被动地接受外界输入的信息，而是对通过感觉接收到的不系统、模糊的信息进行积极的构建。当信息输入时，会产生一个不断反馈的过程，将输入的信息与大脑中形成的习惯性期望和信念进行比较。当高功能脑区理解了输入的信息，它们会将信息反馈至低功能脑区，以确认我们正在经历的就是我们认为或相信的正在发生的事情。不过，我们经常通过自己的期望或信念更改新输入的信息。所谓"现实"其实大部分是由我们的期望和信念建立起来的(Blakeslee & Blakeslee，2008)。布莱克斯里(Blakeslee)说道：

> 信念在根本上就如同大脑中的细胞一样有形，因为信念就是在这些脑细胞中产生、储存的，并随着新信息的输入，不断地更新和巩固。(2008, loc. 669)

加州大学圣巴巴拉分校的心理研究中心主任、神经系统科学家迈克尔·伽扎尼加(Michael Gazzaniga，1998)将这些信念通过他所说的"解释者"直接与主观的自我意识联系在一起。而"解释者"是一种大脑功能，它会编织故事来解释我们的行为。在伽扎尼加看来，正是这种心理能力产生了我们的信念和期待，继而建立了自我意识。他将意识比喻成管风琴，而自我就好比是演奏师(Boleyn-Fitzgerald，2010)。

同样，哈佛大学心理学家史蒂文·平克(Steven Pinker，2007)认为我们所说的"意识"：

> ……原来是由分布在大脑中的无数事件组成的。这些事件不断争夺着我们的注意力，当其中一个事件胜出时，大脑就会对事件的结果进行合理化，并会产生是一个单独的'自我'在一直掌控一切的扭曲印象。(p. 3)

既然我们了解了自我意识是由这些无数的信念系统和对现实的期望所组成，我们就可以对心理功能的组成有一个更清晰的认识。除了遗传的神经性障碍，我们对于"我是谁""我在世界上的价值和位置""我期待他人如何对待我""生活如何对待我"等反应，都取决于由早期经历构建出的神经联结。如果一个个体的早期体验是安全、保护、被关注、被尊重的，他就会构建出一个神经网络，期望自己有价值、受尊重，等等。这个人在生活中，就会假定或期望他人认为自己有价值，是尊重自己的。而在这样的心态下，积极、支持性的人际关系在他看来自然就是理所当然的事；相应的，有支持性的人和环境自然就会吸引这个人的注意。相反，如果一个人的早期经历是被遗弃、遭背叛、被虐待或其他的伤害体验，他所构建的神经系统就会把他与个体经历中相类似的人和环境吸引到一起。不论是好的还是不好的，通过重复内心的这些期待模式，我们不断地加强、巩固着支持这些期待的神经网络。但是，如果我们有了不同于习惯性模式的体验，将可以创造新的可能，新的神经通路将被发展出来。大脑神经的可塑性、灵活性实际上可以改变我们对于自己和现实的认知(Boleyn-Fitzgerald，2010)。这正是心理咨询的工作领域，事实上也是我们所说的"学习"的一个方面。达玛西奥(2010)指出越来越多的研究表明，在过去几代人的时间里，文化的变迁实际上导致了人类基因的改变。随着时间的推移，我们在思维神经通路上的改变，导致了自身 DNA 的物质性改变。尽管改变人类基因需要较长的时间，但这一事实证明了，我们的经历改变了我们。

心灵发生改变时的神经系统

对我们神经通路进行改变的关键在于，以某种方式走出自己的习惯性模式，去体验那些完全不同的经历。这是非常困难的，因为我们总是盲目地倾向于延续旧有的模式。沙盘游戏为全新的不同的现实体验创造了理想的条件。荣格(1981b)发现人类心灵有中心成序原则的特点，他称之为"自性"，并且人类的心灵天生就有自愈和进一步发展的倾向。沙盘游戏可以弱化当下来访者左脑的理性思考，促进右脑以图像为基础的神经系统活动，从而引发对心理创伤、伤害、痛苦或任何妨碍健康心理功能的神经模式的修复和治疗。而吸引来访者注意的沙具或其象征，完全符合前理性神经模式，完全符合他内在心灵继续发展的需要。沙盘中出现的象征性图像绕过不健康的习惯性神经模式，反映出来访者治愈和发展的下一阶段的内容。随着系列沙盘历程的进行，缺损的或具有破坏性的神经通路被自性重新排序。沙盘中单独和成组的象征(沙具)就可以创造出一个先于意识的全新的神经体验。神经通路与自性的组织原则越协调一致，人的心理功能就越健康。

研究人员近来发现，大脑半球的分区功能并不是像之前认为的"非黑即白"的状态。我们现在知道左脑并不是推理或言语的唯一功能区，右脑也不是情绪与视觉图像的唯一功能区。左脑和右脑都会涉及推理、言语、情绪和视觉图像知觉的各个方面(Hellige、Laeng&Michimata，2010)。即使如此，大脑仍然被一层厚厚的神经纤维(胼胝体)分开，胼胝体的一个主要作用就是抑制来自另一半脑区的神经信号，所以左右脑各自表现出典型的功能性特点。左脑会聚焦于已知，而右脑则向未知开放。比如，当我们知道一件重要的事情或信息时，就会用左脑精确地去加工。相反，右脑总是在寻求一些不同于我们以往期待的东西。右脑是富有创造力的，超越我们惯性期望的新内容在这里涌现出来。不过，想象力也是需要不断发展的新观念，需要左右脑共同作用才会起效。

图像在神经系统改变中的作用

得克萨斯州立大学的运动研究员罗纳德·芬克(Ronald Finke，1986)观察发现，个体形成的心理意象需要视觉系统神经机制的参与，将其变成可见的客观图像。这些图像将促成内心的改变。通过沙盘呈现出来的心理意象会引起大脑神经系统的改变，并让个体准备好接纳或承认这些图像内容的存在。这些图像会改变我们的惯性期望。通过视知觉的神经机制，沙盘游戏中的图像将会起到改变固有认知的作用，并激发新的认知模式。这些图像让我们可以感知新的事物，察觉到新的生活与行为的方式。

哈伯(1983)的回忆图像研究和芬克(1996)的图像预期作用的研究都证明了沙盘游戏中具有象征意义的图像所带来的强大作用。制作的这些图像画面会持续存在于来访者的回忆里，激发想象力和相应的神经活动。

此外，正如我们之前讨论过的，沙盘游戏中来访者使用沙具的象征性意义将直接植入个体的生命中，持续对他们的神经系统发挥作用。在构建沙盘时，新形成的神经通路处于发展的早期阶段，随着来访者不断将象征意义融入自己的心理地图中，这些新的神经通路将继续成长。

当新的神经通路已得到充分的发展，来访者会开始意识到自己对待自身经历和生活的态度，发生的有时细微有时急剧的转变。这些新产生的心理内容，会渐渐吸引左脑的参与，将这些新内容带入更强调现实意义和价值的意识水平。原本在右脑中更整体化的信息，在左脑中被进行分类和组织，这一过程实现了左右脑的整合。发展成熟的新的神经通路建立了对现实和生活的新认知方式，现在也通过左脑的作用变为"真实"可应用的心理技能。接下来心灵又做好准备，再次经历相同的改变和发展过程，就像又回到起点一样，如此这般继续整个过程。

当然，这只是一种简单化的理想化描述。在实际的沙盘游戏治疗工作中，我们会经常看到许多心灵层面的改变在同时发生。事实上，象征性图像交互作用的复杂性让我们不可能对沙盘游戏历程中呈现出来的所有内容都完全理解。

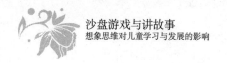
关系中的大脑：镜像神经元网络

镜像神经元的发现

神经心理学中另一个引人注意的研究领域是镜像神经元网络。加州大学洛杉矶分校的神经系统科学家马可·亚科波尼(2008)将镜像神经元描述为，为了理解他人想法而产生的神经的相应模拟过程。亚科波尼观察发现镜像神经元网络会将接收到的信息与个体的知觉、行为和认知心理官能相结合(Iacoboni，2008)。

镜像神经元最早是在20世纪90年代初，由意大利帕尔马大学神经系统研究实验室的研究员贾科莫·里佐拉蒂(Giacomo Rizzolatti)和他的同事法迪加(Fadiga)、加勒斯(Gallese)和佛格西(Fogassi)(1992a、1992b)发现的。里佐拉蒂是亚科波尼的同事，当时正在研究猕猴大脑中运动神经的活动效应(Iacoboni，2008)。特别关注的是大脑前运动区皮层的一部分特定区域，这个区域与制订计划、进行选择和执行行动有关。这个特别的发现是当研究人员正在做的一些动作，引发了猴子大脑中的反应，与猴子实际做相同动作时的神经放电相一致。虽然研究人员当时到底在做什么动作，是吃冰激凌还是花生等的猜测和争论有许多，重要的是仅仅观察他人或动物做一个动作，大脑就会放电，并与自己实际做相同动作的大脑放电状态完全一致。当感知到他人的行为时，自己的运动细胞也在同样进行着神经放电。

镜像神经元位于前运动区皮层，对运动行为有重要作用。一系列镜像神经元的激活，会让我们的大脑模拟一系列相同的动作，从而使我们理解他人的意图(Iacoboni，2008)。此外，岛叶皮层与镜像神经元和大脑边缘系统有着结构上的连接，从而让我们可以了解他人的情绪。通过镜像神经元在我们的大脑中模拟他人，我们可以了解对方的心理状态。通过对自己的行为和我们观察到的他人行为的编码，我们会加工出一个共同的神经编码，从而让自己与他人一致。

交互作用与神经连接

波林-费兹杰拉德(Boleyn-Fitzgerald，2010)发现每当我们与他人互动时，我们都在改变着彼此的大脑。这就提出了一些深奥的存在主义问题：**没有人际**

间的彼此互动和共同达成的共识，生命还有意义吗？没有你我会是谁？如果你不看我、不分享我的经历，我还真实存在吗？每当我们对一个思维或情绪做出反应时，我们自身的认知和情感体验就会同时发生变化。镜像神经元就是主体间性的生物基础。真正意义上，我们并不是孤立存在的（Iacoboni，2008）。有关两个大脑之间同步性作用的研究结果，在沙盘游戏中起到了重要的作用。在沙盘游戏共享经验的过程中，治疗师同时体验着来访者在沙盘中的经历。治疗师通过内部模拟沙盘所带来的所有情绪、身体和认知的影响，准确地融入来访者的感受中。治疗师并不仅仅是简单的观察和记录，而是在"体验着"来访者在整个过程中身体、情绪和认知的经历感受。当我们看一些沙盘个案资料时也是如此。尽管我们看沙盘照片时，看不到来访者的身体动作，但我们依然与来访者产生共鸣。作为象征性图像的观察者，我们的神经放电与来访者改变后的神经放电模式相契合。如果来访者的镜像神经元确认治疗师认可了他的作品并尊重他的创作，反过来将会让这作品中的内容成为现实。通过这样的方式，沙盘中涌现出来的内容最终将演变成来访者意识的一部分。

沙盘游戏中的镜像神经元网络

在沙盘游戏中，来访者与治疗师在自由、受保护的空间里共同经历着象征性的过程。由于其中的象征内容超出了来访者的意识范围，他会感受到一些心理压力。这种情形有点像"投射性认同"，过程中来访者不自觉地对治疗师施加压力，让治疗师经历自己不能承受的体验，从而替代性地探讨这些内容并开始对这些内容产生理解。在沙盘游戏历程中，即使呈现的内容是非常积极的，来访者也会精神紧张。而治疗师的任务就是建立起足够平稳的咨访关系，让来访者可以进入自己的潜意识，去接受和整合信息并令其成为现实生活中自己的一部分。在来访者与治疗师之间，右脑对右脑的相互共享体验，让来访者有足够的安全感来承受未知带来的不确定感和不安。右脑还主要负责处理负面情绪，调解疼痛。当来访者通过镜像神经元感受到治疗师不仅受到自己负面信息的影响，同时还能够接纳承受这些信息，他就会产生安全感。

镜像神经元网络与学习

镜像神经元另一个令人关注的方面，就是它们在学习和语言发展中所起的作用。神经系统科学家厄兹托普、川户和阿尔比布（Oztop, Kawato & Arbib,

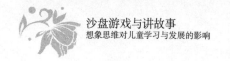

2006)的大脑成像研究表明大脑的镜像神经元并不是由单个的神经元组成，而是相互交叉的多个神经镜像系统。高级的大脑功能，如理解行为、模仿和语言都源自这些镜像神经元系统。神经系统科学家维兰努亚·拉玛钱德朗 (V. S. Ramachandran, 2002)推测最早的语言形式起源于人类镜像他人嘴唇和舌头的运动动作。

镜像神经元网络：手、学习和语言形成

前运动区皮层中的镜像神经元

在里佐拉蒂和阿尔比布(1998)的早期研究中，他们将镜像神经元系统定位在前运动区皮层中，前运动区皮层与其他运动控制神经元交织在一起，控制手指的小肌肉运动技能。他们提出假设，这种人体远端的灵巧度导致了人类从行为的识别到行为的模仿这一进化发展过程，在这个过程中，视觉信息的输入是必不可少的。阿尔比布(2002, 2005)将这一研究假设扩展为一个发展模型，涉及七个进化阶段：简单的抓握动作；抓握的镜像神经系统；简单的抓握模拟系统；复杂的抓握模拟系统；原始符号，基于手部动作的交流系统；原始言语，基于发声的交流系统；语言。

厄兹托普、川户和阿尔比布(2006)认为里佐拉蒂和阿尔比布的研究表明镜像神经元是语言神经系统的主要前身。同时他们还提出大脑布洛卡区(主要负责语言生成)中的镜像神经系统为共享语言的意义提供了进化的物质基础。神经病理学家弗兰克·威尔逊(Frank Wilson, 1999)也认为在产生言语之前，手部动作就代表着该姿势的语言。威尔逊主张人类是通过共享的手势的活动而发明了语言。加州大学伯克利分校的语言学家乔治·莱考夫(George Lakoff)观察发现从本质上来说，语法本身是具有空间性的(1987)。莱考夫介绍了他称之为"意象图式"的重复性认知过程的结构。理解能力与推理能力都源于这些结构模式。在加勒斯和莱考夫(2005)最近的研究中，他们证实人类的语言能力是人体所固有的。这些研究人员总结道：镜像神经元在语言中所起的作用就是将我们的私人体验带入一个与他人分享的社会情境中。这种观点与亚科波尼(2008)提出的体验语义概念很相似，即通过镜像神经元激活与看、读、听等动作有关的身体区域。随着进化，人的双手具有进行更精细化操作的功能，随之有了调整大脑回路的可能（Wilson，1999）。神经系统科学家最近提出了"体验认知"的概念，认为思维是与身体和运动不可分割的，继而得出了一个结论，最有效培养智力的方法旨在身心的整合（Gallese，2007）。奥立佛·萨克斯（Oliver Sacks，1990）强调自我的演变是需要通过加强神经组之间的联结而实现的。他将这个过程称为"选择"。萨克斯说选择的基础不仅仅是感觉。实际上，运动才是所有知觉组织的基础。感觉与运动的整合是最有价值的。

沙盘游戏中手的运动对神经系统的影响

很显然，研究证实动手在思维和行为中都起着关键的作用（Wilson，1999）。同时，动手与人的语言能力也有着紧密的联系。以本书为基础，我们不难看出沙盘游戏中手的运动对基本思维过程和语言能力的神经基础有着直接的作用。当然，我们还不了解当手在沙子中运动时，确切相关的是具体哪些神经，但在这个过程中，很有可能有关语言和思维的新的神经通路得到了发展和强化。在我们的研究中，儿童前后测分数的提高可以直接归功于过程中玩沙子和摆放沙具的手部动作。

沙盘游戏中视觉图像对神经系统的影响

沙盘游戏中的视觉因素也同样与学习和改变的过程有关。沙盘本身的设计就对人的神经系统有益。研究者已经发现了在视野中仅响应水平维度信息的神经元，和仅响应垂直维度信息的神经元（Iacoboni，2008）。视觉分辨率沿着视场的水平轴下降的速度比沿着垂直轴下降的速度要慢。由于沙盘游戏制作过程中，沙盘是处于水平视角，这有助于来访者聚焦于沙盘内的图像内容。

到目前为止，我们已经探讨了大脑中的身体地图以及如何将自己周边的物体并入自我的神经地图，因此，在沙盘游戏疗法结束后很久，过程中制作的沙盘图像依然会存在于来访者心中。研究者已经发现沙盘中呈现出来的心理图像具有丰富的视觉特性，可以让个体接收到这些图像的内容（Finke，1096）。因此，沙盘游戏中具有象征意义的沙具的内化图像，会使来访者的大脑倾向于接收这些图像中的象征性内容。继而会刺激新的神经生长，与图像的内容相匹配，而这些图像精确地承载着个体需要继续发展的心理品质。

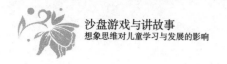
动手与讲故事

　　手在讲故事的过程中也起着重要的作用。威尔逊(1999)认为在认知过程中，用手玩玩具与讲故事是一样的。手对玩具的调整、动作本身也会有因果关系的先后顺序。而这过程也是人类语言的起源。所有的手部动作都包括开始、过程和结束。这就是手所"讲"的故事。用手中玩的沙具制作一个沙盘，在认知层面与创作一个故事是一样的。通过动手创作的故事其实是用动作传递文字的基本认知结构。这种故事还处于最初级的阶段，如前一中一后，开始一过程一结束，玛丽一公园一野餐等。在沙盘内双手移动沙子和沙具，摆放沙具，调整位置，将沙具之间建立起一些有意义的联系。在此过程中，一个关于"我是谁"的新的故事框架诞生了。这是人创造力的终极表达，在其中我们描绘着自己对这个世界的认知以及自己在其中的作用，同时，激发了新的神经生长，我们开始成长和变化。威尔逊(1999)发现了动手在定义自我意识过程中的根本性作用：

　　　　人类之所以为人，不仅因为我们的理性思考，还因为我们具有可以驾驭自己非理性的能力……我们的理性是需要潜意识和好奇心不断浇灌和滋养的。(p.312)

　　让孩子讲述他沙盘里的故事，延展了他的创造性体验，同时激活了大脑中的言语中心。让制作沙盘过程的体验成为有声故事。请牢记，言语、书写和运算能力的发展，无论是发展的内容还是发展的复杂度，都离不开右脑更开放、以图像为基础的认知形式。沙盘游戏和讲故事的结合，成了连接大脑创造性过程和言语排序过程的桥梁，从而促进了深层次神经排序的改变。

第四章
讲述想象故事的价值

　　我一直认为让儿童讲述自己想象出来的故事对他们的成长发展有着重要的作用。这也是我博士论文的研究方向(Unnsteinsdóttir，2002)。在我的博士论文中，我从叙述和心理两个层面分析了两则冰岛传统童话故事。将故事的叙事结构与其中所具有的心理过程结构进行了对比。同时，该研究还包括了对在一次现场研究中由一群10岁冰岛儿童想象出来的11则原创童话故事进行分析。研究表明，荣格提出的"自性化"过程的心理模式会体现在这些童话故事的叙事结构中。我认为这些嵌入童话或想象故事中的心理模式可以引发儿童意识与潜意识之间的创造性互动。同时，还会激发儿童的定向思维和发散思维，而这对儿童的创造力和独立人格的发展都是至关重要的。对儿童原创童话故事的分析结果表明，通过让儿童创作自己想象的故事，他们会与自己的潜意识进行富有创造性的积极互动。并且通过故事中出现的象征性内容，儿童可以处理自己的情绪问题，从而有助于他们的自性化过程。

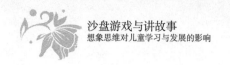
讲故事和沙盘游戏过程中的心智

在沙盘游戏和讲述想象故事的过程中，儿童进入了思维的更深层面，来呈现他们发展出的新能力。在荣格(1981b)的早期研究中，他发现人类的心智远比我们通常以为的要丰富得多。在与弗洛伊德的早期工作过程中，荣格接触到了潜意识这个概念。但很快他就质疑弗洛伊德提出的潜意识主要受追求快乐的欲望驱动这一观点。他建立了自己的人格理论，认为潜意识是由"个体潜意识"(包括被压抑的痛苦记忆)和非个体的，也就是他命名为"集体潜意识"的两部分组成。而集体潜意识是由"原型"组成，原型就是构成人类共有经验的基础、本质性形态。

思维模式与创造力

通过研究精神分裂症患者，荣格发现了潜意识中丰富的图像形式的思维过程。荣格(1981b)提出由潜意识产生的思维形式是一种"想象或发散思维"。他指出定向思维与想象思维作为两种彼此不同又平等的思维方式同时存在，而后者更接近心灵的原型层面。荣格将定向思维描述为一种意识现象。而想象思维要么是有部分意识的，要么就全部是潜意识的，并且无法直接推测。荣格发现通过想象思维，定向思维可以接触到：

> ……深埋于意识大门之下的人类心智最古老的层面。(1976，p. 29)

定向思维包括了有意识的语言和概念的使用，并且是以外部现实为参照。定向思维本质上是一种交流的工具。是一种文化的载体，是逻辑思维、科学论述和常识的语言。在荣格看来，相比之下想象思维使用的是图像(无论是单一还是主题形式)、情感和直觉。逻辑理性的规则和道德规范都不适用于想象思维。

许多心理学家和教育家也发现了不同或对立的思维模式间的二分法。弗洛伊德提出了"主要思维"和"次要思维"的概念(Frazier，1975)。皮亚杰(1962a)也将思维模式分为两种，称为"内向性思维"和"智能思维"。正如临床心理学家、莱德大学心理学教授约翰·苏勒尔(John R. Suler，1980)所指出的那样，每种思维模式都是理想化的模型，从未真实纯粹地存在过。因此，他提出，所

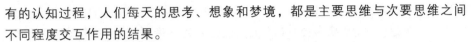

有的认知过程，人们每天的思考、想象和梦境，都是主要思维与次要思维之间不同程度交互作用的结果。

当定向思维被富有想象力地使用，就可以与学者们所说的创造力相提并论了(Kris, 1998；Suler, 1980 & Martindale, 1989)。创造力的特征是其对发散思维的开放接纳。缅因大学的心理学教授科林·马丁代尔(Colin Martindale, 1989)认为关于创新过程的主要理论都蕴含了同一个原则，就是创造力的产生涉及定向思维与发散思维之间的交互作用。芬兰的心理学教授马蒂·伯格斯特龙(Matti Bergström, 1998)得出了有关创造力的类似结论。他指出人脑具有在不同来源的材料信息之间建立起关系的功能。有些材料来源于经过大脑皮层加工过的外在环境信息。这种心理过程的特征是规则和推理。另一些材料来源于个体内在。比如，根植于脑干中具有紊乱特征的一些信息，如不受控的神经冲动等。这些不同类型的心理活动之间在间脑建立起一种联系，并会产生一种完全不同于其组成部分的全新的心理产物。非常重要的是，伯格斯特龙(1998)发现，游戏、做梦以及阅读或听童话、神话故事这些活动会最大限度地促进这种创造性的同化过程。

游戏在学习与发展中的作用

从维果斯基(Vygotsky, 1978)、皮亚杰(Piaget, 1962a；1962b)、勒温(Lewin, 1935)、卢里亚(Luria, 1932)、赫伊津哈(Huizinga, 1955)和其他人的早期研究开始，关于游戏在儿童学习与发展中必要性的研究，就有大量的文献和研究报告。作为与儿童一起工作的专业人员，我们知道这是千真万确的事实。游戏是儿童创造性想象的源泉。它由发散、想象思维产生，并且帮助发展中的儿童完成了许多具有进化意义的适应性任务(Singre, 1999；Stewart, 1992 & Chodorow, 1997)。

塔夫斯大学教授、研究儿童游戏的专家戴维·艾尔金德(David Elkind, 2007)认为，学习就是一种自发的、富有乐趣的行为。从根本上讲，学习基于游戏与爱。即使是正规教育也必须坚持这两点才可以取得成功。而且儿童是通过身体和感觉进行学习的，只有身体和感觉的共同投入参与才会发生真正的学习过程。学习必须包括运动、操作实物、观察、聆听，等等。艾尔金德进一步指出对儿童读写和运算方面的有效教学必须建立在儿童对故事、节奏、韵律天生的热爱以及好奇心和幽默感的基础上。学习过程中必须要有游戏的内容。发

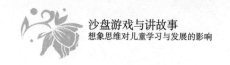
散思维中的想象游戏，可以让儿童发展他们的认知能力、叙述能力和社会交往能力。儿童是天生的"故事会"(Paley，2005)。对于有学习或发展障碍的儿童，由受过专业训练的成人与其一起游戏，对这些儿童的发展极其有益(Singer，2004)。

罗伯塔·米奇尼克·葛林考夫(Roberta Michnik Golinkoff)、凯西·赫胥-帕赛克(Kathy Hirsh-Pasek)和多萝茜·辛格(Dorothy G. Singer)这几位教授(2006)称，在美国，政府法规已经严重影响了学校的教育体制和儿童受教育的方式。布什总统的"有教无类"法案迫使教师们远离了适龄教学。目前，大部分的焦点都集中在考试和准备考试上。由于全球性的经济危机，我们发现许多西方国家和亚洲国家也出现了这种趋势。现在教给儿童的内容是以前认为要一两年后才可以教的内容。与前些年相比，儿童的游戏时间大大缩水。孩子们承受着巨大的压力，表现为肥胖率上升、抑郁和行为问题的增加。

葛林考夫、赫胥-帕赛克和辛格指出，现代社会已经结束了对大量体力劳动者的需求阶段，目前的产业需求是具有创新能力的人才，他们能够进行发散性想象思维，以独出心裁、富有创造力的方式处理现有的问题。然而，我们现在大量学校的教学体制却在向完全相反的方向培养儿童——如何死记硬背、如何"表现"、如何找到"标准"答案。这是个很严重的问题。

在人的一生中，对我们的心理健康极为重要的就是游戏和计划外的闲暇时光。(Golinkoff、Hirsh-Pasek & Singer，2006，loc. 199)

国家游戏研究院创始人、精神病学家斯图尔特·布朗(Stuart Brown)针对各种杀过人的男性和生活中非常成功的人的游戏行为进行了大量的研究。他发现这些杀人犯都曾经有过被严重游戏剥夺的经历；而成功并富有创造力的人却有着丰富的游戏经历，并且一直持续到他们的成年时期。

人类的天性就是游戏。游戏建造了大脑，是适应能力和创造性思维的必需品，是解决问题和处理复杂任务的必需品。一个不会玩的人是无法提出"创造性解决方案"的。布朗简明扼要地说：

在所有的动物物种中，人类是最大的玩家。我们天生就会游戏，并通过游戏成长。在玩的过程中，我们以最单纯的方式表达着人性，以最真实的方式表达着自己。(2009 loc. 75)

创造力与自性化

英国精神病学家安东尼·斯托尔(Anthony Storr, 1989)认为个体的创造性过程与荣格的个体自性化过程有关。创造力与自性化过程都涉及对立面的整合统一。自性化过程的核心就是荣格(1981b)所说的"超越功能"。总的来说，根据荣格的理论，当面对即将到来的任务，意识并没有做好准备时，或者当自我与自性之间并不协调统一时，心灵就会处于失衡状态。为了保持内心的平衡，这时候潜意识就会产生荣格所说的"补偿机制"。而补偿产物正好是自我失衡的对立面。

自我会竭尽全力不顾一切地寻找可以解决当前困境的方法。它会在自我的消极与积极两极和补偿产物之间振荡、摇摆不定。直到在意识水平承认了对立面的存在，自我才会即刻平稳下来。但内心会继而产生压力感，并被压抑进潜意识，在潜意识中就产生了象征。象征是一个全新的心理产物，它可以为陷入困境的内心搭起桥梁，并产生可以解决冲突的新的心理能力。象征部分来自意识(我们认识的部分)，部分来自潜意识(它承载着新的心理品质)。它会一直处于活跃状态，直到新的心理品质意识化。简言之，超越功能，或者说象征性过程，是一个自然而然的创造行为，它最终形成了全新的心理能力。正如我们所看到的，创造力不是强迫出来的，但一定要被允许自由地涌现出来。美国心理学家卡尔·罗杰斯(Carl Rogers)有一个比喻：

> 农民并不能让种子发芽，让胚芽生长；他唯一能做的就是提供可以让种子按自己的潜能生长的环境。(1977, pp.356-357)

讲述想象故事的心理过程

讲述想象故事的心理过程在很多方面与沙盘游戏中的心理过程很相似。在讲故事的过程中，相比沙盘游戏可能意识会更占主导地位，但也并不是绝对的。在沙盘游戏或讲故事的过程中的发散性思维能力是因人而异的。我在沙盘游戏之后让儿童讲述自己想象的故事，这样做的目的是为了让儿童有机会在被沙盘游戏打开的深层心理水平上激活自己的语言系统。孩子们可以选择是否讲述故事。通常我会建议他们在制作沙盘结束后再讲个故事，并强调不需要讲传

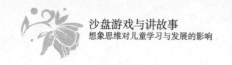
统的童话故事。我会让他们明白这个故事可能就像自己做的梦一样。

有些儿童喜欢边玩沙子、边四处移动沙具、边讲故事，有一些则很安静地玩沙盘，在制作完成后才开始讲故事。在他们讲述的时候我会手写记录下来。偶尔孩子们需要些鼓励来讲故事，但最重要的是他们需要时间和肯定，我总是赞赏他们的故事。当有必要对故事内容进行干预时，这种干预会是一些非常温和的问题，从而把它们带回正轨。我避免问任何有导向性的问题，并坚持干预得越少越好。大部分儿童的故事是积极的结尾，但其中有些存在着明显的伤害，比如阿里(Ari)沙盘 12 的《海龟宝宝》，阿尔达(Alda)沙盘 2 的《黑暗洞穴》、沙盘 9 的《贫穷或富有》。不过，安·卡塔娜奇(Ann Cattanach)在她有关游戏治疗的讨论中有这样的提醒，同样适用于讲故事：

> ……如果孩子希望停留在悲伤和痛苦中，请注意，很重要的一件事——不要急切渴望着快乐的结局或令人愉悦的问题解决的到来。(1994, p. 132)

德国分析心理学家汉斯·狄克曼(Hans Dieckmann, 1986)指出，从童年时期开始，人类就有要面对来自外部生活经历和内心世界中残忍和恐怖内容的内心需要。他强调在我们成为一个有意识的人类的过程中，我们必须学会面对这些黑暗力量，学会与它们共处，接纳它们。

在安全的咨访关系中，让儿童认识并感受到自己的丧失和痛苦，可以促进他对类似经历的耐受性。治疗师营造的安全、被容纳的氛围，也会帮助儿童发展出更好的自我调节技能。沙盘游戏和讲故事并不是偶然安排的事情，而是一个有开始有结束的约定过程。孩子们很清楚在整个学年里，他们有十二次玩沙盘游戏和讲故事的机会。他们的内心也会理解他们将经历一个过程，会如约来进行，并继续上一次的工作。有足够的时间、足够的安全感，让他们经历自己的痛苦并得到治愈。

研究中一个重要的因素是，不给儿童任何压力的成年人对这一过程的促进作用。罗杰斯(1977)认为一个摆脱了压力、温暖支持的环境会培养和激发个体自我实现的愿望。朵拉·卡尔夫(2003)在沙盘游戏中，将其称之为"自由和受保护的空间"。同样，讲故事的心理环境也要求有足够的安全和包容。我在儿童讲故事过程中的参与作用可以用维果斯基所说的"最近发展区"(1978)来解释。维果斯基将最近发展区定义为儿童独立解决问题的水平与在成人的帮助下达到的水平之间的差异。

与沙盘游戏类似，讲述想象故事的过程也会产生先于儿童发展的象征性内容。荣格强调了象征在心理成长过程中的核心作用：

> 个人的发展只能由象征引发，而这些象征代表着远超过自己目前状态的一些内容，而且它们的意义在当下还无法完全被领会。（1979，p.23）

儿童虚构故事的特点

儿童原创的童话故事通常在故事结构和特定的交流方式上与传统童话相类似。富有画面感的语言和奇特的故事背景也是两者共有的突出特点。苏黎世的欧洲文学教授马马克思·卢斯(Max Lüthi, 1986)，在对欧洲童话进行分析时提出了童话故事的核心体裁特点。包括："单维度"，现实和魔幻世界并存；人物角色"缺乏心理深度和动机"；"抽象性"，缺乏现实中的细节并有极端化、反差化和固定模式的倾向；"孤立感"，人物角色中缺少持久的关系。我在后来的儿童原创想象故事中也发现了类似的特点。

儿童幻想故事的背景和情节通常会受到各种环境因素的影响，最重要的是电影和电视。英国文学教授和作家卡罗尔·福克斯(Carol Fox, 1993)说过，儿童通过对从其他来源(像书籍或其他媒体)中得到的素材进行改编，创造了一种表达自己体验的新的暗喻方法。在菲利普(Filip)的沙盘游戏和讲故事中他就从流行电影中提取了素材。比如，他沙盘 7 里的故事名为《夺宝奇兵和西部荒原的失败的强盗》，沙盘 9 里的故事名为《神龙大侠与大龙》。

哈佛大学民间传说与神话协会主席玛丽亚·塔塔尔(Maria Tatar, 1987)指出，童话故事的标志之一就是各种各样的人物通过自己的行为表现出了他们的性格特点。在儿童想象的故事中也是如此。儿童幻想的童话中的人物都不是有血有肉的人，他们也没有正常人类多维度的心理特点。相反，他们的个性特点都是单一的，代表着不同的人性特点，如果将这些人物一个挨一个地排列好，也许可以或多或少地呈现一个正常人的整体性格特征。荣格分析师、分析心理学多产作家玛丽一路易丝·弗朗兹(Marie-Louise von Franz, 1999)也强调将童话故事中的英雄抽象化看待的重要性。在荣格分析心理学的术语中，他们都是"原型"，或人类集体遗传获得的原型范本，是人类共有经历的基础，并修整着人类的共有经历。当我们使用荣格理论来分析一个想象的故事或一个沙盘作品时，两者都好像是来访者内心世界的剧本，其中所有的人物、动作和地点都

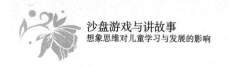
承载了心灵内部的激动、冲动、态度、经历的模式和个体人格或心灵的努力、斗争。

在童话故事和儿童想象童话中历经艰险的情节以各种不同的方式重复出现，这会令人联想起"成人礼"。美国分析心理学家约瑟夫·亨德森(Joseph L. Henderson，1990)指出成人礼与个体在人生不同阶段的改变有关。亨德森发现这个过程会经历归顺的仪式、遏制的阶段、以自由解放的仪式告终。所有的启蒙过程都包括了不恰当信念、心理能力或生存方式的消亡以及重生和更强适应能力的出现。我们可以在汉娜(Hanna)的个案故事中看到这样的过程：沙盘5《大魔咒》，沙盘8《伟大的谜题》；还有阿里的故事：沙盘4《黄金》。人类想要理解自己和他人的传统方法之一就是去讲故事和听故事。因此，人类发展过程中"成人礼"的结构特点与叙事结构相类似也就不足为奇了。

在弗兰斯(1990)看来，每一则童话故事都描述了对待自性(使人类内心统一的根源)的不同阶段。有些故事的重点，是面对阿尼玛或阿尼姆斯(男性和女性心理各自的异性面)的原型。比如，菲利普的故事：沙盘11《王后与首领》，汉娜的故事：沙盘10《海螺壳之旅》、沙盘11《伟大的迷宫比赛》。还有些故事是关于面对阴影(我们意识中不能接受的那部分自我，被压抑至潜意识中)。在阿里的沙盘中经常可以看到暴力的阴影面，比如，沙盘5的《大恐龙》、沙盘10的《好战士与坏战士》和沙盘11的《骑着恐龙的男人》。

有时在孩子的沙盘游戏和故事中，我们可以看到其他原型在为心灵工作。比如，汉娜沙盘12的故事《有趣的经历》中的智慧老人。所有的人都具有相互对立的个性特点：优点和缺点，创造力和破坏力。任何个体都不可能将自己所有的阴暗面都抛掉。但是我们可以努力面对自己的阴暗面，从而可以将它们的不利影响转化成可控制、可和解的状态。与自我的阴暗面的和解是一个持续的过程。

与荣格"意识将不断成长与自性更加融合统一"的观念相一致，许多叙述学家认为生命就是一个以不断创造平衡或秩序为目标的过程。瑞士语言学家让·米歇尔·亚当(Jean Michel Adam，1985)称在所有的叙事中，都存在破坏秩序和努力恢复稳定之间的相互作用。弗兰斯(1990)发现：

> 没有哪个童话故事的结尾是一劳永逸地彻底解决麻烦，而只是当下可实现的一个积极的解决方法，而且人们心里清楚，只要生活继续，麻烦就会再次出现。(p. 28)

反思

　　儿童发展过程中象征的重要性以及关爱儿童的成年人在陪伴过程中的重要作用，引发了在教育过程中，采用沙盘游戏和讲故事激发儿童想象力的巨大潜在价值的讨论。拥有良好资质的学校辅导员、艺术治疗师和心理咨询师与学校的特教老师通力合作，将会给儿童的学习带来重要的影响。此外，我们还设想将沙盘游戏和讲故事作为正规课程的一部分，向所有孩子开放，相信可以极大地影响他们的学业成绩和社交表现。

第五章
学术研究

本章介绍了尤斯坦斯杜蒂尔博士关于沙盘游戏与讲故事对儿童学习和情绪—行为发展的影响的研究，研究的数据、过程和结果都有呈现。为了方便阅读，我们已经将本书中分享的四个个案的分数用灰色标注出来。

所有孩子的身份信息都进行了保护性处理，全部使用化名。本项研究得到了家长的许可，并得到了冰岛数据保护局的正式认可。

引言

从 2005 年到 2009 年，我进行了一项名为"沙盘游戏和讲故事对儿童自我意象、学习发展、心理健康和社会技能发展的影响"的研究。研究旨在调查和评估定期使用沙盘游戏和讲故事是否会对儿童的成长发展带来一些影响，研究是在冰岛首都雷克雅未克一所公立小学的学习中心进行的。

我研究的主要问题是：对自我意象偏低、有学习障碍和/或有情绪问题的小学生，定期使用沙盘游戏和讲故事相结合的干预手段，是否会影响他们的学习技能、自我意象与心理健康水平？

在四年的时间里，总共有 19 名儿童参与了本项研究。包括 7 名女孩和 12 名男孩，每年有 4～6 名儿童参与。这些被试并非随机选取，而是来自有某些共同特点的特殊儿童群体，如学习能力差、有阅读障碍、有注意力和/或情绪问题以及社交孤立的学生。每位学生参加了 12 堂沙盘游戏课。

表 1 中，被试按年龄从小到大排序，并列出了他们的化名。

表 1 被试信息

被试				特点
Bjork	碧约克	女	二年级	富有创造力、情绪化；社交方面不成熟。阅读障碍、ADD
Burkni	博科尼	男	二年级	非常活泼可爱；阅读困难、ADHD
Elrir	埃尔瑞	男	三年级	富有创造力；阅读障碍、ADHD
Filip	菲利普	男	三年级	敏感脆弱；总沉浸在自己的世界里
Haukur	浩克	男	三年级	善良、平静；学习成绩不好；ADD
Alda	阿尔达	女	四年级	温和，缺乏安全感，犹豫不决；阅读障碍
Ari	阿里	男	四年级	有洞察力和好奇心强；经常沉浸在自己的世界里；ADD
Erla	埃尔拉	女	四年级	情绪起伏不定；轻度智力落后
Eyja	埃尔亚	女	五年级	安静；阅读障碍
Fjola	菲欧拉	女	五年级	善良、安静；冰岛语不是她的母语；野心勃勃
Hanna	汉娜	女	五年级	有礼貌、沉默寡言；富有创造力；阅读障碍
Reynir	瑞尼尔	男	五年级	友善、真诚；学习能力差；ADD
Smari	斯马瑞	男	六年级	沉默寡言、抑郁；语言障碍；孤立
Valur	瓦鲁尔	男	六年级	阳光、富有创造力；有时候焦虑，不善交际；正在接受药物治疗
Vidir	维迪尔	男	六年级	安静、非常沉默寡言；社交孤立；阅读困难；ADD
Orn	欧恩	男	六年级	社交孤立；注意力缺陷；对立违抗性障碍；阅读障碍
Orri	奥瑞	男	七年级	脾气好，积极；阅读障碍
Svala	斯瓦拉	女	七年级	积极、活泼；受欢迎；阅读障碍
Torfi	托斐	男	七年级	内向、非常不善社交

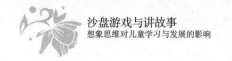
在此研究的学年开始和结束的时候，通过与学校心理咨询老师合作，我们进行了一系列标准化测试，包括：韦氏儿童智力测验(Wechsler Intelligence Scale for Children——WSIC, Wechsler, 1992; Skúlason & Salvarsdóttir, 2006)；阿肯贝克行为量表(The Achenbach Scale)，儿童行为量表(Child Behavior Checklist——CBCL, Achenbach, 1991)；以及注意力缺陷/过动症评估量表第四版(Attention Deficit/Hyperactivity Disorder Rating Scale IV)(Barkley, 1990)。CBCL(儿童行为量表)和ADHD(注意力缺损过动症)评估量表由家长和老师分别填写。在研究的第一年，使用了贝克青少年情绪和社交障碍量表(Beck's Youth Inventories of Emotional and Social Impairment)(Beck、Jolly & Steer, 2006)。随后，使用了欧维宁(Ouvinen, 1999)的自我意象"我认为我是"量表。WISC(韦氏儿童智力测验)是研究中使用的信效度最高的量表。虽然家长、老师和孩子填写的量表都来自于他们的主观感受和观察发现，但他们的确提供了很有价值的信息，并被收录在下文中。另外，我们还对阅读能力和数学运算能力进行了前后测的对比。但由于这些测验在冰岛并不是标准化测验，因此，研究中剔除了这部分测验的内容。不过，在案例分析一章里，我们对孩子的阅读能力和数学运算能力进行了非正式的讨论。

心理测试与评估的结果

自我评估量表

在研究的第一年，我们采用了贝克青少年情绪和社交障碍量表(Beck's Youth Inventories of Emotional and Social Impairment)(Beck、Jolly & Steer, 2006)，此量表用于评估自我意象、恐惧和抑郁。根据该量表的测评结果，阿里和阿尔达的自我意象明显提高，托斐的愤怒情绪大大减少。汉娜的恐惧和抑郁情绪减弱，奥瑞的恐惧和愤怒情绪减弱。另外，阿尔达的后测结果显示她的愤怒情绪和混乱行为明显增加。关于产生这一结果的可能原因，我们在她的个案分析部分有更详细的说明。

在接下来的三年中，采用了"我认为我是"(Ouvinen, 1999)这一自我意象自评量表。本量表内容包括：身体和智力水平、情绪健康水平、与父母、家人、同学和老师的关系。根据这一量表的测评结果，在学年末，三名男孩博科尼、浩克和瓦鲁尔以及一名女孩埃尔拉有了很大的进步。斯瓦拉认为她的状况稍有好转，碧约克和四名男孩埃尔瑞、菲利普、瑞尼尔和斯马瑞认为自己没有变化。另外两名被试菲欧拉和欧恩只在学年末填写了一次本问卷，所以无从进行数据对比。不过菲欧拉主观认为自己情况更加恶化，欧恩认为自己依然保持在平均水平。一名男孩维迪尔认为自己的情况在学年末时变得更糟，在前后两次评估中，他的分数都在平均分以下。

表 2　被试的自我意象和心理状态

被试	自我意象和心理状态改善	自我意象和心理状态不变	自我意象和心理状态恶化	只进行了一次评估
碧约克　女　二年级		X		
博科尼　男　二年级	X			
埃尔瑞　男　三年级		X		
菲利普　男　三年级		X		
浩克　男　三年级	X			
阿尔达　女　四年级			X	
阿里　男　四年级	X			
埃尔拉　女　四年级	X			
埃尔亚　女　五年级	X			
菲欧拉　女　五年级				X
汉娜　女　五年级	X			
瑞尼尔　男　五年级		X		
斯马瑞　男　六年级		X		
瓦鲁尔　男　六年级	X			
维迪尔　男　六年级			X	
欧恩　男　六年级				X
奥瑞　男　七年级	X			
斯瓦拉　女　七年级	X			
托斐　男　七年级	X			

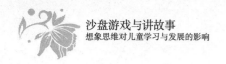

阿肯贝克行为量表和注意力缺陷／过动症评估量表(第四版)

表 2，表 3 均由家长和老师分别填写。当双方的评估结果有出入，或出现明显分歧时，我们会针对这种结果阐明主要结论。

表 3　老师和家长对被试的注意力缺陷/过动症状的评估

被试			注意力缺陷（老师）	注意力缺陷（家长）	过动症（老师）	过动症（老师）
碧约克	女	二年级	前 O，后 O＋	前 O，后 O＋	前 x，后 x－	
博科尼	男	二年级	前 O，后 O＋		前 X，后 X＋	
埃尔瑞	男	三年级	前 O，后 O		前 X，后 X	
菲利普	男	三年级	前 o，后 o－	前 O，后 o－		
浩克	男	三年级	前 O，后 O－			
阿尔达	女	四年级	前 O，后 o－			
阿里	男	四年级	前 O，后 O	前 O，后 O	前 x，后 x－	
埃尔拉	女	四年级		前 O，后 o－		前 X，后 x－
埃尔亚	女	五年级				
菲欧拉	女	五年级				
汉娜	女	五年级		前 O，后 o－		
瑞尼尔	男	五年级	前 O，后 O－			
斯马瑞	男	六年级	前 O，后 o－			
瓦鲁尔	男	六年级				
维迪尔	男	六年级	前 O，后 O	前 O	前 x，后 x－	
欧恩	男	六年级	前 O，后 o－	前 O，后 O－		
奥瑞	男	七年级	前 o，后 o		前 x，后 x－	
斯瓦拉	女	七年级				
托斐	男	七年级				

注：o(小写)：注意力缺陷症状；O(大写)：超过临床临界值的注意力缺陷；

x(小写)：过动症症状；X(大写)：超过临床临界值的过动症；

－(减号)：症状减轻；＋(加号)：症状加重

老师和家长都认为，在这些被试中，注意力缺陷的症状比过动症的症状要普遍得多。根据老师的评估，12名被试有注意力缺陷的症状。其中菲利普、阿尔达和阿里这三个孩子的个案将在下一章中详细介绍。在学年末，老师评估12名被试中有6名的症状减轻，其中就包括菲利普和阿尔达。根据家长的报告，在学年初的时候，7名被试有注意力缺陷的症状并且都超过了临床诊断临界值，其中有菲利普、阿里和汉娜。汉娜是本书个案讨论部分的第四个个案。学年末时，有4位家长报告被试的症状减轻，其中包括菲利普和汉娜。

根据老师的评估，6名被试有过动症症状，包括阿里。学年末时，老师报告4名被试的症状减轻。根据家长的报告，只有1名被试有过动症症状，在学年末，症状明显减轻。老师和家长认为有5名被试没有注意力缺陷和/或过动症，他们是埃尔亚、菲欧拉、瓦鲁尔、斯瓦拉和托斐。

老师报告有7名被试在情绪方面有整体或部分的积极提升。其中包括女孩：阿尔达、碧约克和埃尔亚，男孩：埃尔瑞、奥瑞、斯马瑞和瓦鲁尔。有4名被试，女孩埃尔拉和3名男孩瑞尼尔、托斐和维迪尔的情况恶化。

根据家长的评估，9名被试的情绪状态有整体或部分的积极提升。其中包括了本书中的菲利普、阿里和汉娜，还有2名女孩埃尔拉和埃尔亚和4名男孩埃尔瑞、浩克、欧恩和斯马瑞。2名被试碧约克和维迪尔的状态恶化。有趣的是，根据阿尔达家长的报告，她的焦虑和抑郁情绪都有所增加，但她的老师却报告阿尔达的身体不适和社交问题明显减少。产生这种分歧的可能原因，我们将在下一章她的个案中阐述。

韦氏儿童智力测验

在研究的前两年，我采用了韦氏儿童智力测验（第三版）WISC-Ⅲ，后两年采用了韦氏儿童智力测验（第四版）WISC-Ⅳ。由于第三版和第四版在量表的结构和内容上有一些差异，所以我们先来回顾第三版的测评结果，再来看第四版的结果。使用韦氏儿童智力测验（第三版和第四版）测量与被试年龄一致的控制组，通常前测和后测的分数几乎没有变化。韦克斯勒（Wechsler，1992）认为，如果间隔期是在12~63天进行重测，总分上会有7~8分的增加。在第三版（WISC-Ⅲ）中，由于操作测验比言语测验的练习效应更加明显，会导致这种分数的差异。在第四版（WISC-Ⅳ）中，知觉推理和加工速度比言语理解和工作记忆的练习效应更加明显，也会导致这种分数差异（Gudmundsson et al.，2006）。两次测验之间的间隔时间越长，练习效应就越低。本研究中，前测和

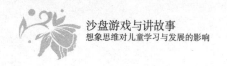

后测的间隔是七至八个月。所以，一个标准差以上的增加或减少都不可能是巧合，而是实验方法起效的结果。

上文提到过，这 19 名被试都有以下一种或多种问题：学习能力差、阅读障碍、注意力或情绪问题以及社交孤立。因此，我们预计这一群体的测量结果要比控制组低，尤其是有某种学习障碍的被试。有关韦氏测验的研究结果表明，有阅读、写作和运算困难的儿童，在测试的所有方面均明显低于控制组。（Gudmunðsson et al.，2006）

韦氏儿童智力测验第三版 WISC-Ⅲ

韦氏第三版（WISC-Ⅲ）智力测验的分数包括言语智商、操作智商和总智商。此外，该测试还会给出关于言语理解、知觉组织、注意力集中以及加工速度的指数。这些分数均被标准化为平均分为 100 分，标准差为 15 分的标准分。

采用 WISC-Ⅲ 的 10 名被试中有 6 名由于其言语智商和操作智商之间的差距过大，所以其总智商并不是考察重点。这些总智商分数用括号表示出来。

在后测中，10 名被试中有 8 名的操作智商分数提高。其中，阿尔达在知觉组织上的分数提高了 12 分，同样她在注意力集中方面也取得了明显的进步。阿里在知觉组织上下降了 6 分，但由于他前测的分数就非常高，所以即使下降也依然是很高的分数。阿里在言语理解和加工速度上也有所增加，汉娜在知觉组织和注意力集中方面取得了一些进步。

表 4　韦氏儿童智力测验第三版 WISC-Ⅲ 中的智商分数

WISC-Ⅲ		言语智商	操作智商	总智商	言语理解	知觉组织	注意力集中	加工速度
碧约克　女　二年级	前测	80	99	(87)	86	98	77	106
碧约克　女	后测	82	109	(93)	83	105	80	104
差值		+2	+10	+6	−3	+7	+3	−2
埃尔瑞　男　三年级	前测	107	96	102	108	102	94	86
埃尔瑞　男	后测	101	94	97	102	98	91	88
差值		−6	−2	−5	−6	−4	−3	+2
阿尔达　女　四年级	前测	83	84	81	87	80	71	97
阿尔达　女	后测	92	94	92	93	92	88	94
差值		+9	+10	+11	+6	+12	+17	−3

续表

WISC-Ⅲ				言语智商	操作智商	总智商	言语理解	知觉组织	注意力集中	加工速度
阿里	男	四年级	前测	83	119	(99)	82	122	104	106
阿里	男		后测	95	116	(105)	93	116	97	112
差值				+12	−3	+6	+9	−6	−7	+6
瑞尼尔	男	四年级	前测	74	78	73	72	82	80	81
瑞尼尔	男		后测	83	84	81	83	86	86	94
差值				+9	+6	+8	+11	+4	+6	+13
埃尔亚	女	五年级	前测	96	101	98	97	102	86	97
埃尔亚	女		后测	103	107	105	108	105	80	109
差值				+7	+6	+7	+11	+3	−6	+12
汉娜	女	五年级	前测	101	96	99	102	98	97	104
汉娜	女		后测	101	104	102	98	105	104	106
差值				0	+8	+3	−4	+7	+7	+2
维迪尔	男	六年级	前测	86	109	(95)	87	105	83	97
维迪尔	男		后测	92	119	(105)	92	116	94	106
差值				+6	+10	+10	+5	+11	+11	+9
奥瑞	男	七年级	前测	90	123	(105)	93	124	77	106
奥瑞	男		后测	92	137	(115)	95	139	80	101
差值				+2	+14	+10	+2	+15	+3	−5
托斐	男	七年级	前测	104	107	106	106	109	91	112
托斐	男		后测	101	124	(112)	105	124	88	109
差值				−3	+17	+6	−1	+15	−3	−3
平均差值				+3.63	+7.3	+5.98	+2.78	+6.05	+3.04	+3.5

韦氏儿童智力测验第四版 WISC-Ⅳ

这部分的研究，采用了冰岛语版修订的韦氏儿童智力测验第四版(Gud-mundsson et al.，2006)。第四版基于四因素结构，所以计算了四个指数分数：言语理解、知觉推理、工作记忆和加工速度。言语理解指数主要测量学习语言的能力，概念形成、抽象思维、分析概括的能力等。知觉推理指数主要测量非言语推理能力，空间知觉、视觉组织等。工作记忆指数主要评估儿童的记忆能力、短时记忆、对外来信息的理解应用能力。加工速度指数考察的是儿童注意力、对视觉信息进行扫描和排序的能力。四项指标得分相加就是总智力分数。

表 5 韦氏儿童智力测验第四版 WISC-Ⅳ 总智商分数和四个主要指数分数

WISC-Ⅳ				总智商	言语理解	知觉推理	工作记忆	加工速度
博科尼	男	二年级	前测	99	98	86	91	128
博科尼	男		后测	111	96	104	103	130
差值				+12	−2	+18	+12	+2
菲利普	男	三年级	前测	71	82	77	77	73
菲利普	男		后测	(80)	102	84	74	80
差值				+9	+20	+7	−3	+7
浩克	男	三年级	前测	76	82	89	74	83
浩克			后测	(88)	77	113	83	94
差值				+12	−5	+24	+9	+11
埃尔拉	女	四年级	前测	70	68	70	74	102
埃尔拉	女		后测	(60)	50	86	60	78
差值				−10	−18	+16	−14	−22
菲欧拉	女	五年级	前测	(87)	77	96	83	115
菲欧拉	女		后测	(93)	86	100	86	112
差值				+6	+9	+4	+3	−3
斯马瑞	男	六年级	前测	(78)	84	104	77	73
斯马瑞	男		后测	(76)	67	107	74	92
差值				−2	−17	+3	−3	+19
瓦鲁尔	男	六年级	前测	(101)	90	115	91	108
瓦鲁尔	男		后测	113	108	115	97	112
差值				+12	+18	0	+6	+4
斯瓦拉	女	七年级	前测	(78)	69	86	94	100
斯瓦拉	女		后测	(87)	75	107	86	100
差值				+9	+6	+21	−8	0
欧恩	男	七年级	前测	85	86	89	83	108
欧恩	男		后测	(82)	79	102	77	95
差值				−3	−7	+13	−6	−13
平均差值				+5.0	+0.65	+11.4	+1.4	+2.2

采用 WISC-Ⅳ 的 9 名被试中有 8 名由于言语理解与知觉推理之间的差异过大，因此，其总智商不作为考察重点。这些非重点分数用括号表示出来。

值得注意的是 WISC-Ⅳ 的后测分数显示，9 名被试的知觉推理分数均有增加。其中 3 人博科尼、浩克和斯瓦菈均显著增加。另外，菲利普的言语理解分数显著增加，瓦鲁尔在此方面也取得了很大的进步。

WISC-Ⅲ 和 WISC-Ⅳ 中分数的增加

19 名被试中有 8 名在 WISC-Ⅲ 或Ⅳ的前后测对比中，在某一领域的分数取得了显著提高(表 6)。其中有 2 名女孩和 6 名男孩(占男孩总人数的一半)。包括了菲利普和阿尔达。菲利普显著提高的是言语理解，阿尔达显著提高的是注意力集中。另外，有五名被试尽管没有达到统计显著性增长，但也取得了大幅的进步：2 名在知觉组织，2 在知觉推理，1 名在言语理解。另外，后测分数显示 2 名被试出现了退步。一名是埃尔拉(轻度智力落后)，除了在知觉推理方面，她在其他所有方面均出现了退步。另一名是斯马瑞(确诊为语言障碍)，他在言语理解上分数下滑。

表 6　WISC-Ⅲ 和 WISC-Ⅳ 中显著增加的分数回顾

被试			领域	分数增加情况
博科尼	男	二年级	知觉推理	18(86/104)(WISC-Ⅳ)
菲利普	男	三年级	言语理解	20(82/102)(WISC-Ⅳ)
浩克	男	三年级	知觉推理	24(89/113)(WISC-Ⅳ)
阿尔达	女	四年级	注意力集中	17(71/88)(WISC-Ⅲ)
斯马瑞	男	六年级	加工速度	19(73/92)(WISC-Ⅳ)
奥瑞	男	七年级	知觉组织	15(124/139)(WISC-Ⅲ)
斯瓦拉	女	七年级	知觉推理	21(86/107)(WISC-Ⅳ)
托斐	男	七年级	知觉组织	15(109/124)(WISC-Ⅲ)

两个量表中，6 名被试的言语理解分数都有所增加(表 7)。增加最多的是菲利普和瓦鲁尔，他们对沙盘游戏格外感兴趣。两个人都非常注意沙盘中的图形摆放，并且渴望编撰自己的故事。

他们在沙盘游戏和讲故事中的积极投入，与测验分数的提高，似乎表明了两者之间的关联性。

表 7　WISC-Ⅲ和 WISC-Ⅳ中言语理解分数增加的回顾

参与者			言语理解分数增加情况
菲利普	男	三年级	20(82/102)
阿里	男	四年级	9(82/93)
瑞尼尔	男	四年级	11(72/83)
埃尔亚	女	五年级	11(97/108)
菲欧拉	女	五年级	9(77/86)
瓦鲁尔	男	六年级	18(90/108)

　　两个量表中，取得最大进步的是在知觉方面(表 8)，约有一半的被试在知觉方面的分数都有增加。在第三版中(WISC-Ⅲ)是知觉组织的分数。四名被试分数增加，其中两名显著增加。在第四版中(WISC-Ⅳ)是知觉推理的分数。五名被试分数增加，其中三人显著。

　　一个有趣的发现是，另外有 7 名被试本身在知觉方面的分数就比较高，而在后测对比中，相比于量表的其他领域，他们依然是在知觉领域取得了最大的进步，尽管差值的分数并不明显。19 名被试中有 14 名在这项的分数超过平均分 100 分。另外有 2 名被试，尽管没有达到平均分，但也在该领域取得了长足的进步。值得思考的是，沙盘游戏过程中，对沙子和立体沙具的使用不可避免地会启动被试的知觉功能，而这样的练习因素在后测结果中会起到多大的作用。另外一个有趣的思考是，知觉方面的能力与阅读困难之间是否存在某种关联性。我们可以看到在知觉领域超过 100 分的 14 名被试中有 11 名有不同程度的阅读困难，其中 6 名被确诊为阅读障碍，1/7 有阅读障碍的被试在知觉领域的分数低于分均分。

表 8　WISC-Ⅲ和 WISC-Ⅳ中知觉方面显著增加和大幅增加的分数回顾

被试			知觉分数的提高		
博科尼	男	二年级	18(86/104)	显著	(WISC-Ⅳ)
浩克	男	三年级	24(89/113)	显著	(WISC-Ⅳ)
阿尔达	女	四年级	12(80/92)		(WISC-Ⅲ)
埃尔拉	女	四年级	16(70/86)		(WISC-Ⅳ)
维迪尔	男	六年级	11(105/116)		(WISC-Ⅲ)

续表

被试			知觉分数的提高		
欧恩	男	六年级	13(89/102)		（WISC-Ⅳ）
奥瑞	男	七年级	15(124/139)	显著	（WISC-Ⅲ）
斯瓦拉	女	七年级	21(86/107)	显著	（WISC-Ⅳ）
托斐	男	七年级	15(109/124)	显著	（WISC-Ⅲ）

结论

　　本研究中的所有被试均在学习、发展和／或情绪状态和行为表现的某些方面取得了进步。因此，我们认为沙盘游戏与讲故事在该领域内具有一定的影响作用。我们必须再次重申，本研究中的所有被试都来自有某些偏差的特殊儿童群体，他们可能有学习障碍、阅读困难、注意力和／或情绪的问题。尽管被试的后测 WISC 分数依然低于控制组，但至少在有学习困难的被试中，有 8 名被试在测评的某一领域取得了显著性提高。研究中一个尤其突出的结果，是在知觉领域，共有 16 名被试分数提高。其中 5 名显著提高，4 名有大幅提高，另外 7 名有一些改善。值得反思的是知觉能力与阅读困难之间的关系，有 14 名被试在后测时知觉领域的分数达到或超过平均分（100 分）。其中 11 人有不同程度的阅读困难，11 人中有 6 人被确诊为阅读障碍。而本研究中的这一结果与霍华德（Howard）、杰匹瑟（Japikse）和伊顿（Eden，2006）的研究结果一致，他们的研究结果表明在内隐式空间学习中，阅读障碍会得到缓解，而在内隐式高阶序列学习中反而会恶化。另外，本研究中还有 6 名被试在言语理解方面取得了进步。

　　影响儿童发展和情绪状态的因素是比较复杂的，所以相关的研究和评估大多具有主观性。因此，将研究的结果解释为是沙盘游戏和讲故事对被试产生的绝对性影响是不严谨的。不过，在下一章，菲利普、阿尔达、阿里和汉娜的个案分享中，我们依然可以看到沙盘游戏和讲故事给孩子们带来的积极影响。沙盘游戏和讲故事对儿童自我意象、学习和发展的影响，这一研究课题还亟须不断收集数据和深入挖掘。另外，对沙盘内图像和所讲故事的进一步分析也将是该领域内一个极具吸引力的研究方向。

第六章
沙盘游戏案例：概述

　　在这一章里，我们将看到本研究中 4 名儿童的沙盘游戏个案。我们选择了 2 名男孩阿里、菲利普和 2 名女孩汉娜、阿尔达，在他们的沙盘作品中呈现了各自面对的问题、过程中心灵的变化及特点和最后的结果。每个个案共计做了 12 盘沙盘，在这里沙盘作品和相对应讲述的故事都进行了展现。为了追踪个案的心灵在整个过程中的变化，我们分析了他们沙盘作品和所讲故事中的象征性内容，并根据荣格的人格理论对整个过程中个案经历的心灵变化进行了讨论。

汉娜：10 岁的五年级女孩

个案概述

汉娜是一个沉默寡言、有礼貌的女孩，有一个包容、支持她的家庭。尽管有些害羞，但她极具创造力。汉娜情绪紧张、具有完美主义倾向，并且有些情感上的封闭。她有阅读障碍，很长时间以来对参加考试都感到焦虑。她的档案记录表明她一直在书面理解和数学方面有困难。在本研究中，汉娜在阅读和拼写方面取得了进步，学年末的时候已经接近平均水平。

在韦氏儿童智力测验(第三版)(WISC-Ⅲ)中，汉娜的分数是平均水平(102分)。尽管不显著，但她在操作(＋8 分)、知觉组织(＋7 分)和注意力集中(＋7 分)方面都取得了进步。根据她在贝克评估量表(Beck Checklist)上的自我评估，在所有类别中她都处于平均水平，并且远低于临床边界值(严重受损)。在学年结束的时候，尽管并不显著，她自我评估自己的不安、抑郁和愤怒情绪已经减弱。

汉娜的父母认为她有注意力缺陷障碍(ADD)的症状。在学年结束时，家长评估症状已经减少了一些，而根据阿肯巴克行为量表(Achenbach Scale)，注意力集中困难已经显著减少(－11)。根据老师的评估，汉娜没有任何注意力缺陷障碍(ADD)的症状。实际上，老师在量表中打的分数比家长的分数要低一半还多。在阿肯巴克行为量表(Achenbach Scale)中，老师对汉娜思维困难分项的打分有所增加(＋7)。

汉娜极富想象力，她的沙盘作品和讲的故事内容多样丰富。她很喜欢玩沙盘游戏。制作过程十分专注，总是做得比较慢，小心谨慎，会做许多尝试并不停地评估调整。她经常在沙盘里重新排列沙具、移动沙具，或干脆将一些沙具放回到沙架上。她在沙子的使用上也做了很多工作，但整个过程中并没有用到水。在她的沙盘中，不会摆放很多的沙具，并且各个沙盘之间也会倾向于使用不同的沙具。

汉娜的沙盘游戏作品多种多样，内容丰富。在她所有的沙盘中，都有对立和统一的主题。通常情况下，越是彼此对立的世界，就越是成长和改变发生的地方。汉娜故事中的主人公都是精悍、有活力的，通常具有独立、勇敢和快乐的特征。汉娜的故事大多较长，并且都是在沙盘中边做边讲。故事内容通常描述和解释了沙盘中正在发生的事情。她的所有故事都是以美好的结局来结束的。

汉娜沙盘 1

汉娜沙盘 1a

汉娜沙盘 1b

汉娜的故事
沙盘 1

沙漠明珠或美丽世界

　　国家被分成两半。一边是邪恶的世界；另一边是美好的世界，那里一切都很美。邪恶的一方想要破坏美好世界，将一切据为己有。而美好世界里的人想要夺回被蝙蝠偷走的红宝石。如果美好世界的人夺回了红宝石，整个世界将再次变得好起来。

这个女人很小心，避免让自己的动物受到伤害。有坏人前来的时候，一只有千里眼的有魔力的老鼠会警告大家。当坏人到达美好世界这边时，美好世界入口处的蓝色宝石也会发光，通知这边的人。这些蓝色的石头就像报警器一样。是海星在水中发现了四块蓝色石头，并且将它们带到了水面上。以前，红宝石就在瓢虫现在所在的地方，瓢虫喜欢待在那里。

翼手龙偷走了美好世界的东西，并把它们藏在灯塔里。

最终，瓢虫找回了红宝石。因为它很小，躲到大石头后面，没有被坏人发现。当瓢虫拿到红宝石时，蝙蝠和翼手龙都被施以魔法变成了好人。世界又变得和从前一样美好，动物和人们都很开心。

讨论

汉娜沙盘 1

汉娜首先将灯塔放在沙盘左下角，然后在沙盘中心放置了一块大的火山石，但随后又将它移到左上角的位置，边放边说这是座火山。她将大蝙蝠放在火山上，在那里看守它从美好世界偷来的红宝石。红宝石放在火山顶部，看起来就像火山中间有热熔岩一样。这个大块的深色火山岩乍一看似乎不太吉利，让人恐惧。但同时，它又拥有巨大的能量。从象征意义上来看，火山、山脉和石头都是地球表面的突起，与庄严神圣的女性特质有关。通常火山和山脉被认为是神的显现或世界中心的象征。火山和山脉也可能是女神的代表或女神的居所。比如，女神佩莱（Pele），据说她住在夏威夷的基拉韦厄火山（Neumann，1991）。在日本，灶炉女神富士（Fuji），为阿伊努人提供了煮饭和取暖所需的火种，此外，她还被认为是死神的使者，会将死人的灵魂引领至灵界（Eliade，1996）。

传统意义上，火被看作一种男性的力量，但火山明显例外。火山让我们看到了大母神的强烈特质，也是原始大地母性的能量。事实上，火山既摧毁沿途的生灵，又会在大海中冷却时形成新的大陆。在心灵中，这种能量如果不加以适当的重视，会具有破坏性。当我们在内心或实际生活中忽视女性阴暗面的力量时，我们就会过度依赖有限的理性——这一男性力量。而仅仅依靠男性力量的引导和指引，我们终将会因为自己的傲慢自大，而把自己推入被摧毁的危险境地。

沙盘游戏过程中的初始沙盘（第一个沙盘）通常会呈现来访者的内心冲突、

他(她)可以用来应对这一冲突的心理资源，以及治愈的方向和/或可能发生的转化。在汉娜的初始沙盘中，炽热的火山就伫立在外形像男性生殖器的灯塔对面。由于这两个沙具是最先被放入沙盘中的，都很大并形成了"邪恶"的世界，因此，我们可以推测也许汉娜在沙盘游戏过程中需要解决的问题是，如何在她的男性特质、理性面与她的女性特质、创造力之间获得适当的平衡。我们知道这是个由来已久的问题，因为翼手龙(一种恐龙，来自远古的生物)坐在灯塔的顶部。此外，由于火山含带着红色炙热的岩浆，因此，汉娜很可能亟须探索并利用自身的女性力量，去取代占主导地位的男性力量。作为一名女性，这个女孩应该让自己的女性力量占主导，同时拥有少量具有调节作用的男性特质。从象征的角度，在她的沙盘游戏治疗过程中，相比于女性特质的火山，我们会希望看到"灯塔"的尺寸可以大幅下降。此外，我们还希望这两种原始力量之间可以健康协作。

汉娜告诉我们在沙盘上方有一位漂亮的中国女人悉心照顾着她的动物，确保它们不会受到伤害。她是关爱和滋养的存在。她来自与汉娜的家乡冰岛完全不同的中国，这个沙具承载着汉娜心中所具有的这些品质，但同时也说明在她的心灵中这些品质目前还有些遥不可及。汉娜初始沙盘中的象征性构建表明，女性特质与男性特质之间关系的调整，将会让她发展出心灵内部自我滋养的资源以及自我保护的能力和爱自己的能力。关爱与滋养的心理品质也反映在她摆放的棕熊上，棕熊就站在中国女人的对面。众所周知，母熊是非常凶猛的，它会杀死靠近它幼崽的人。熊所代表的象征意义表明了汉娜的内心需要——发现自己内在(这个中国少女代表)的抚育能力，并(通过母熊的力量)具体呈现出来。因此，在汉娜初始沙盘的象征性构建中，我们看到了她要解决的本质问题以及治愈的方向。

汉娜告诉我们她的"宝藏"被人偷了，需要把它找回来。也许这是她内心的"宝藏"，即尽管她在学习方面有障碍，但她是独一无二的、足够好的、值得被爱的。汉娜的故事揭示出一些本应属于她的东西被分开或被拿走了。但最小的生物，瓢虫可以找回这宝藏。在英国和欧洲的其他一些国家，瓢虫被看作很小的红色金龟子，人们认为它们会带来好运。英国有一首流行的童谣是关于瓢虫的——《瓢虫，瓢虫》。

> 瓢虫，瓢虫，飞回了家；
> 你的房子着了火，你的孩子们不见了；
> 只有一个没有走；

> 她的名字叫安(Ann)；
>
> 她藏在了烤盘下。(Opie，1997，p. 263)

还有一个更黑暗的版本：

> 瓢虫，瓢虫，飞回家；
>
> 你的房子着了火，
>
> 你的孩子们将会被烧死！(Opie，1997，p. 263)

两首童谣中，都提到了关键性的内容——母亲回到了家中，回到了孩子身边。很显然，汉娜渴望来自母性的温暖。在她的故事中，是瓢虫找到了被偷走的红宝石，将它带回了原来的地方。所以，在汉娜具有象征性意义的故事中，我们再一次发现了她对于被关爱、被滋养的渴求。

尽管汉娜现实的家庭生活很温暖并给予了她支持，但对于有阅读障碍的孩子来说，这还不够。不管汉娜做多大的努力，她的学习方式与其他同学不同，也跟不上他们的节奏。在群体中，儿童会经常拿自己与同龄人(同学)相比较，而当意识到自己与别人不一样或有缺陷时，会让孩子内心感到很痛苦并充满困惑。非常幸运的是，汉娜的家人都很爱她、接纳她。但同时，全心爱护和接纳自己也是汉娜需要完成的任务，看起来在她的沙盘游戏和讲故事中，核心任务就是需要寻找到她内在爱护自己的母性。

中国女人照顾的动物中，有一只"千里眼"小老鼠。整个沙盘中，汉娜在视觉方面使用了三个隐喻：有千里眼的老鼠、门口闪烁的蓝色"眼睛"(宝石)以及藏起来不被发现的小瓢虫。同擅长在黑暗中导航的蝙蝠一样，老鼠可以进入其他动物都无法到达的地方。从象征意义上讲，老鼠和蝙蝠有在黑暗中看见事物，可以穿越他人无法到达的黑暗地带的能力。也许这种真正能看见内在的自我，或了解本真的我到底是什么样的能力，会是汉娜在沙盘游戏中的另一个收获。

在汉娜的故事中，如果一个人想要进入美丽的贝壳之门，必须首先通过代表着死死亡的、外形像男性生殖器的骨头。毫无生气的骨头与圆形有容纳特质的白色贝壳之间的强烈对比，反映出一段离开男性特质进入女性特质之旅。贝壳门的外形就像子宫，具有孕育滋养性。为了通过大门进入美好的世界，必须得到两只蓝色"保护眼"的批准。只有属于美好世界的事物才能进得去。其他的事物将被丢弃或不被需要，就像尸骨一样。这代表着解决问题、辨别是非的能力，也是汉娜拥有的强大的心理资源。另外值得注意的是，这些大门就位于沙

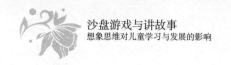

盘的中心位置。这代表着在汉娜的沙盘游戏过程中，这种内在的力量将处于核心位置发挥作用。

其实，汉娜已经开始使用这种心理力量了，因为豹猫在沙盘中看起来刚刚进入了美好的世界。在哥伦布发现美洲大陆以前的墨西哥湾特奥蒂瓦坎（Teotihuacán）神话中，豹猫，或美洲豹会出现在祭祀众神的神灶上（Coe，1972）。就这样，豹猫成了勇士的象征。在自然界中，不论是野生还是家养的猫科动物都具有果断、从容的行动特点。它们的脚步很轻，即使在黑暗中也看得清自己的路。因此，由于这些稳健和具有独立性的特点，猫科动物被认为具有某种特殊的力量。在神话中，猫要么神圣要么邪恶，但很少介于两者之间（Hausman，G & Hausman，L.，2000）。

在汉娜的初始沙盘中，豹猫通过了蓝色保护眼的考察，站在一对漂亮的玫瑰花之间。这只野生猫科动物带有神圣的能量，非常强大。也许汉娜的治愈将呈现她内在的女性特质中勇士品质的一面，同时她还会像猫一样保护好自己。在沙盘右下角坐在池塘后面的蜗牛，反映出了解自我并与自我在一起的这一特质。在自然界中，蜗牛将家背在背上。从象征意义上看，它随时都"在自己心灵的家园中"。拥有了豹猫的沉着和力量的品质，汉娜的初始沙盘表明她具有接触到自性、面对自性的潜能。

汉娜的沙盘中还体现了她拥有的其他心灵力量。池塘边翠绿色的青蛙具有转化的能量。在自然界中，青蛙的生命是从卵开始的。卵变成蝌蚪，然后逐渐长成青蛙。沙盘里还有一只海星，海星可以重新长出受了伤的脚。另外，作为五角星的形状，海星被认为是完整人形的象征。如达·芬奇的名画《维特鲁威人》中所示，五个角代表人的外形，两只手臂，两条腿和头。受此启发，维特鲁威人的绘画和相关的内容被认为是一种标准比例。

从象征意义上讲，这被看作人类，或完整的人（Turner，2005）。在汉娜的故事中，是海星发现了池塘底部的珠宝，并将它们带到了地面上。池塘、河流、湖泊和我们在沙盘中看到的水域都象征着潜意识大门的打开，这是隐藏于表象以下未知的领域。而发光的蓝色石头就是可以通向潜意识深处的新的心理品质。

在沙盘游戏中，某些沙具的特殊数量通常代表着来访者心理转化的阶段或目前的状态。汉娜的初始沙盘中有几个成对的沙具。两个湖泊、两朵玫瑰、门口两块代表蓝色眼睛的宝石、两个圆形的红色沙具和一对青蛙。从象征意义上来说，数字二表明新事物的出现。在整体"一"中出现了新的心理品质，"一分

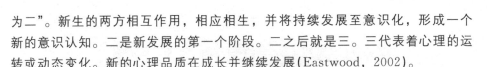

为二"。新生的两方相互作用，相应相生，并将持续发展至意识化，形成一个新的意识认知。二是新发展的第一个阶段。二之后就是三。三代表着心理的运转或动态变化。新的心理品质在成长并继续发展(Eastwood，2002)。

　　在汉娜的初始沙盘中，我们看到了两种重要的三个一组的沙具，骨头和贝壳。汉娜描述的从骨头到贝壳之路，是一个生动的隐喻，它描述了从不再需要的心理品质(骨头)向着可以提供包容容纳的女性力量(贝壳)这一新品质的心理运动过程。随着这些品质的继续发展，数字会从三变到四，这些品质会在现实生活中变得稳定、固定下来。一旦发展到这一阶段，新的品质接下来将会被整合到来访者的整体人格中，也就是数字五的出现。在汉娜的沙盘中，我们看到了五只腿的海星将四个宝石带到了地面。

　　在沙盘中，一个可以了解来访者待解决问题的性质和其可获得的内在资源的线索是观察沙盘对角上的沙具。虽然并不绝对，但观察沙盘内对角上沙具所代表的象征意义是很重要的。对角两点之间是沙盘里最远的距离。有时候，位于对角上的沙具代表着待解决问题的核心心理品质。它们可能是心灵所需的新品质，并将其整合进个体的意识水平，从而可以开始新的生活方式。同时，对角上的沙具也可能代表冲突的能量，正是这冲突阻碍了来访者当下向更健康的心理功能的发展(Turner，2005)。

　　在汉娜的沙盘中，左上角的火山—蝙蝠—珠宝与右下角的五角海星相对。我们也许可以推断汉娜必须获得其内在的女性力量(火山)，从而可以冲破黑暗(蝙蝠)，在自性(珠宝和海星)中得到整合。在荣格分析心理学中，人格的中心被称为自性。自性既是人存在的根源，也是人心灵的归属(Jung，1981；Samuels，1997)。在不同的文化中，它被赋予了不同的名称：神、耶稣、穆罕默德、湿婆、梵天、佛祖和圣仙等。

　　初始沙盘中另一组对角上的沙具是左下角灯塔顶端的翼手龙和右上角的绿色植物。由于两条对角线在中心大门区域上交叉，因此，我们可以推测：对男性力量，或理性的过分依赖这一由来已久的问题会在"进入"或获得女性力量这一新成长中得到解决。也就是说，通过调整女性力量的价值或人格中的创造力，来平衡男性力量。

　　很显然，汉娜的初始沙盘预示了她工作的方向，以及她进行此次心灵之旅所需的所有心理品质，在接下来的沙盘中我们将跟随她的脚步，共同经历一段令人神往的心理历程。

汉娜沙盘 2

汉娜沙盘 **2a**

汉娜沙盘 **2b**

汉娜的故事

沙盘 2

备注：汉娜进入沙盘室的时候看起来有点沮丧，并且咳嗽得很厉害。不过在她玩沙盘的过程中，整个人的状态有明显的改变。在这次咨询结束时，她很愉快、开心，并且完全不咳嗽了。

小小木制村庄

这个小村庄全部是由木头制成的。这两个男人是技艺娴熟的木匠。拿着勺子的男人和女人是木匠们制作的面包师和机器人。这个（穿红衣服的）小男人在照看木匠们制作的塑像。他们的工具就放在这个箱子里。穿绿衣服的男人在找水。木匠们即将完成他们身边这座塔的建造。（穿黄衣服的）男人是村长，也是一位魔法师。

水从塔上流到地下，流入池塘中，木匠们做的一只海豚生活在这里。照看塑像的穿红衣服的小男人住在松果里，但我们看不见"松果"的窗子。

生活在这个村子中很不错。海豚经常修整岸边，它在水岸边做出了一个图形，人们时常向它打招呼。当海豚修整岸边时，每个人都很高兴。当木匠们建造塔时，面包师会唱歌，所有人都跟着一起唱起歌来。

穿绿衣服的男人将不用的脏水倒在水桶中，并把水桶扔在左边的角落里。后来脏水变成了纯净的水，水又流入塔中，再流回池塘里。

蘑菇也是用木头做的，并且有魔法。当面包师按压蘑菇时，就会有制作蛋糕需要的奶油和面粉。是木匠们制作了蘑菇，村长给了它魔法的力量。

村子里没有路灯，当夜晚来临塑像会睁开眼睛，整个村子都变得漂亮明亮起来。看守人来回巡逻，其他人在唱歌。当每个人都心情好的时候，他们就会跳舞。就像收集水的男人会摆动起他的水桶。当看守人跳舞时，他的同事会来回走动，他的帽子也会闪闪发光。

这对老夫妇喜欢待在家里，但他们想听其他人说话时就会把窗子打开。夜晚来临时，木匠们会进入他们的工具箱中，工具箱下面是一座大房子。

讨论

汉娜沙盘 2

在我们回顾整个沙盘游戏过程中来访者所经历的心理变化时，我们通常会看这一盘与上一盘之间有什么变化，有什么相同。这为我们提供了一种方法，来了解在潜意识、象征性表达的层面，来访者的心理发生了哪些活动变化。同在初始沙盘一样，在汉娜的第二个沙盘中，我们又看到了男性力量和女性力量的呈现，但不同的是它们的比例大小以及两者之间的关系发生了变化。在这一盘中，我们看见了大量以圆形呈现的女性力量。沙盘中央位置的池塘是最突出的。它让我们想到了初始沙盘中的那个圆形大火山，在这里它转变成了向潜意识深处探寻的通道。炽烈火热的岩浆现在被一池美丽清凉的蓝色池塘替代。老夫妇居住的松果房子也是圆形的，较大的松果，面包师和蘑菇周围的半圆形形状都代表着女性力量。代表男性力量的塔又出现了，但已经从初始沙盘中雄伟的灯塔转变成了色彩丰富的小塔。除面包师的妻子和老妇人外，村子里的所有人都是男性。与初始沙盘中更具有威胁性和压迫感的男性力量很不同，这些男性形象都是助人者。看起来在初始沙盘中，通过中心大门的道路，为男性与女性力量之间的关系带来了一些解决方法。在沙盘2中，女性力量占主导地位，而男性力量成为她的小帮手，两者之间这样的关系，为作为女性的汉娜提供了内心的平衡。

很显然，汉娜在制作这个沙盘时更加得心应手。她在沙盘中放入的第一组沙具是两个小矮人，他们站在右上角的积木塔旁边。汉娜告诉我们这两个人是木匠。他们是大师级的木匠，制作了村子中的大部分东西：塔、机器人面包师、海豚、蘑菇佛头。汉娜还告诉我们他们有一大箱可自己支配的工具。

故事中的木匠像小矮人一样居住在地下。传说中小矮人是在地底下工作的，从象征意义上来看被认为是可以接近潜意识的(von Buchholtz, 2007)。在这里也许代表着汉娜获得了可以帮助她在潜意识中进行工作的心理能量。值得注意的是他们(木匠们)对自己所做的工作是很娴熟的。在汉娜的故事里，当木匠们休息时，他们就会到地底下，工具箱下面的大房子里。我们可以看到这种内在与外在，深层与表面之间的象征性的交流沟通。并且每当木匠开工的时候，村民们就演奏音乐，唱歌、跳舞进行庆祝。新的成长与发展在这里愉快地发生着。沙盘右侧桌子旁的木制夫妇是一对机器人面包师。面包师通过将面粉、鸡蛋、牛奶等食材制作成面包和蛋糕来为人们提供食物。令人困惑的是这些面包师是木制的机器人，继而提出了这样一个问题：汉娜以往获得的情感支持是什么样的。面包师的拘谨呆板也可以通过沙盘中另一侧的年迈的老夫妇反映出来。这对老人是用石头做成的。汉娜说他们一直待在屋子里，但是会不时地将窗户打开。

也许这些木头制成的面包师和石头制成的老人都反映出我们在初始沙盘中所看到的汉娜对更多关爱、更多心灵滋养的需要。不过，汉娜已经拥有了可以帮助她解决这些问题的心理资源。村长对木制蘑菇施了魔法，将它变成制作面包所需的奶油和面粉的丰富来源。也许汉娜将可以触及她自己内心的关爱原型。

在汉娜沙盘2中，大量使用了木制的沙具。在两个木匠(主要做木工活)为主角的故事中，木头的出现并没有被特别强调。沙盘中大部分的人物都是用木制的。塔是木头做的，两张桌子也是，还有工具箱、松果和海豚都是木制的。木头源于树木。而关于树的象征意义是很丰富的。在自然界中，树木深深扎根于大地，大地象征着女性，而树冠向天空延展生长，天空象征着男性。从这个角度来看，树木承载了阴阳调和，平衡的意义，是完整的象征。在挪威神话中，宇宙树又称"世界树"，它支配着生、死与转化的方方面面(Sturluson，1984)。在东方，木是主要的原生元素(Cooper，2004)。基督被描述成木匠，他是灵魂的建造师。树木与基督教的十字架以及智慧树都有关。在中国传统道家文化中，木是五行(木、火、土、金、水)之一。木与春天生发和东方都有关联(Yang，1961)，是一种新的成长。随着汉娜不断获得其内在心理资源，新的成长和发展得以出现。

　　在沙盘中央的池塘里住着一只漂亮的海豚，它通过不断修整水岸周围像曼陀罗一样引人注目的图形来确定自己的边界。曼陀罗是一种同中心的绘图或雕刻形式，通常是圆中有方，来源于印第安教和佛佛教。传统意义上，曼陀罗被用于冥想期间聚焦人的注意力，并且被定义为神圣的空间。在汉娜"地下帮助者"的辅助下，随着她澄清并推动受阻的心理能量，她开始识别并确定自己人格的中心点。这还不是自性的群集——自性原型在沙盘中的呈现，但这个中心确定了汉娜在沙盘游戏历程中所经历的心理工作的定义和形式(Kalff，2003)。

　　当海豚修整池塘的堤岸时，村民会向它挥手。这是一个快乐的地方，向内心深处探索是被保护接纳的。在自然界里，海豚是一种高智商的海洋哺乳动物，它们相互之间能够通过发出的超声波进行交流。有些海豚甚至能够通过发出滴答声和口哨声进行交流。海豚会帮助在浅水区生育时搁浅的鲸鱼，会帮助在海中受困的游泳者。此外，海豚还非常爱嬉戏(Martin，2005)。

　　在世界各地的神话故事中，海豚都扮演着重要的角色。在希腊出土的史前器物上就有描绘神骑行在海豚上的图画(De Vries，1984)。希腊水手将看见海豚视为航行中的吉兆。在希腊花瓶上，海豚被描绘为穿梭于上界与下界之间的使者，是死神的使者，引领着迷失了灵魂的人或死去的亡灵(Gimbutas，1982)。在印度教中，河豚被比作神圣的母亲河恒河，是水和生命的源泉(Singh，1994)。在基督教中，海豚通常会与锚被描绘在一起，象征着上帝引领着基督徒的领会、指引着教会(Ferguson，1996)。圣·奥古斯汀(St. Augustine)利用锚和海豚的图形来作为自己的座右铭"让匆匆慢一些"(Ferguson，1996)。

　　随着沙盘2中心这只美丽海豚的出现，汉娜已经拥有了从潜意识中调动新的心理品质，并将其带入意识水平的能力和方法。她在不断发展与内在自我沟通的方法。随着这沟通的不断进行，她终将会回归到自性的心灵家园。

　　在讲故事之前，汉娜放入沙盘的最后一个沙具是穿绿衣服拿着水桶的人。这个人起着重要的作用。他取走不用的脏水，并将它们扔在沙盘左下角。在那里脏水变成了干净的水，流入塔中，并回流到中央的池塘里。在汉娜的第二个沙盘中，有许多治愈、净化、更新、修复和建设的内容。水被净化并循环利用。在这里脏水变成了纯净水。水是潜意识的象征。这里水是脏的，表明汉娜在努力澄清一些之前不清楚的内容。此外，水被循环利用。也许代表着某些卡住停滞的、没有进入"循环"的心理内容现在可以自由地流动起来。

　　最后，木匠们制作了佛祖的塑像，由穿红色衣服的小人仔细照看。汉娜告诉我们在夜晚天黑下来以后，是佛祖的眼睛照亮了整个村庄。在集体潜意识层面，汉娜选择了来自遥远东方的、庄严、富有力量、平和的神，来隐喻她穿越黑暗的道路。在荣格分析心理学中，集体、意识被认为是连接所有人类、跨越文化种族、被人类所共有的、令我们成为人的特殊品质。集体潜意识也是我们所看到的在世界不同文化中不断重复相似的神话主题的源泉。是人类中心感、意义感的源泉，是我们生存的组织法则(Jung, 1981)。也许这种无可限量的人类智慧被编码进我们的基因，世代遗传，并形成了我们中枢神经系统的一部分。集体潜意识让这个冰岛小女孩选择了一个与自己的文化完全不同，从意识层面也完全不了解其内涵的象征物。然而，令人惊奇的是它正具有汉娜穿越心灵黑暗地带所需要的平和、镇定的能力。

汉娜沙盘 3

汉娜沙盘 **3a**

汉娜沙盘 3b

汉娜的故事
沙盘 3

动物园与游乐场

动物园里有各种各样的动物。一边有动物；另一边有游乐场设施。小鸟儿和河马（右上角）告诉我们这里是动物园。母鸡下了多种颜色的蛋，因此，它周围的篱笆也非常漂亮。青蛙是喷泉，会从嘴里喷水出来。鸟儿正躺在那儿洗澡。当鸟儿叫的时候，青蛙将水喷得很高。

穿红衣服的女人在看着动物，拿着篮子的女人在花园里卖花。男人正在买票。然后汉娜问："我可以再取点东西吗？"（她走到沙架旁边取了一块黄色积木，和一个黑头发的女人，然后将他们放在沙盘右下角）。

一个男孩站在滑梯旁边。一个男人转动着地球仪，如果箭头落在陆地上，他就会得到一些东西，但如果落在海洋的位置，他将一无所获。滑梯上的男孩嘲笑着将双手举起来的小孩。猴子在树上动来动去，在看守着这个地方，因为它可以在那里观察到整个地方的全貌。

有时在晚上，河马和海星会发光，这样动物们就不用害怕黑暗了。还有一束细微的光照在沙里的花上。天气总是很好，所以接待处可以放在室外。

讨论
汉娜沙盘 3

动物园和游乐场上有很多活动，这里每个人都在忙着投入各自的活动中。

一切都有序和谐。不过，旋转地球仪的游戏结果却无法预计。如果箭头落在陆地上，玩家就会获奖；但如果落在海中，将一无所获。所以，赢是要靠运气的，并不确定。也许这反映了汉娜对学校作业的内心体验。由于她的学习困难严重影响了她对作业的掌握，所以她偶尔随机性的成功绝不是肯定的结果，似乎是靠运气发生的。这种不确定性的痛苦通过一个站在滑梯上令人生畏的男孩表达出来，汉娜用海胆、一块扁平的石头和骨头建造了这个滑梯。

滑梯上的男孩手指着并嘲笑着一个裸体的小孩，这个小孩将手高高举起。他作弄这个看起来很脆弱毫无防御能力的小孩，以此来抵抗自己人格中受到伤害的一面。也许这代表了汉娜不平衡的男性能量中挑剔的一面，而这种轻视和自我评判也折磨着她自己。

在汉娜面对着这些内心的痛苦时，一种新的心理资源涌现出来，它就是在旁边的棕榈树顶泰然自若的猴子。猴子是这个动物园里唯一的野生动物，并且是唯一自由的动物。在汉娜的故事里，猴子利用自己在树顶的优势位置总览全局。

在刻薄的男孩和无助的小孩的对抗中，猴子和绿树带来了活力和力量。由于在树上跳上跳下的灵活性，从象征意义上，猴子被认为是代表接近灵性的内驱力(Kalff，1988)。也许是汉娜的内心精神世界或宗教生活可能被唤醒。另一方面，猴子也可能代表着汉娜内心自我折磨的阴影面，也就是她有问题，或者说不好的部分。阴影由意识中的心理内容构成，但由于其内容无法被自我所接受，所以被压抑回到心灵层面(潜意识层面)，我们称为阴影(Jung，1877)。需要注意的是阴影可能是由不被自我所接受的负面或正面品质构成。自性化就是要减少个体的意识、集体潜意识和自性中心化原型之间的隔离感。这需要通过将阴影和个体潜意识意识化来完成。如果猴子的力量可以促进汉娜自我评判和自我谴责这些男性力量的整合，那么她将可以自由地探索和发展自己真实的个性。

另一个保护无防御能力小孩儿的心理资源就是穿红衣服的黑人女人，她正朝小孩和欺负他的大男孩走去。她那正直和坚定的目光表明她绝对不会容忍这样欺凌弱小的行为。这个女人以成熟女性的形态代表着一种强大的女性力量。她黝黑的肤色表明这些能力来源于心灵的阴影，并且在朝着意识层面移动。除了穿红衣服的女人外，沙盘中还出现了另外两个成熟女性。一个在卖花；另一个在卖票。汉娜内心正经历着自身傲慢的男性力量的自我攻击，强大的女性力量的出现带来了内心的稳定和平衡。

我们在初始沙盘和第二盘中看到的美丽女性力量在这里，作为保护动物的珠宝围栏再次出现，三个成熟女人代表的强大的女性能量得到了强化。另外，汉娜搭建的滑梯的底座其实也是明显圆形的海胆。海胆来自于海底。外形是球形的，容易让人联想到大地表面的隆起，或者女性的乳房。有趣的是欺负小孩儿的男性沙具就站在它上面。看起来汉娜内在男性力量受伤的部分正在失去它的优势地位，并且在汉娜获得的大量女性力量的包围下，显得寡不敌众。

　　沙盘中央鸟浴盆沙具方形与圆形和谐的组合，代表着女性能量与男性能量的完美融合，也证明了汉娜内在心灵能量的修正调整。我们可以看到在这里，圆形的鸟浴盆在一个矩形的底座上，而整个鸟浴盆就放置在圆形池塘的中央。四只青蛙围绕在水塘边，呈正方形布局。在这个特殊的喷泉区域，有原型象征的经典的方与圆的图形都展现了出来。在基本几何图形中，天圆地方，圆形代表着男性能量、太阳的能量，而方形代表着女性能量、大地母亲的能量。从原型象征意义上来看，这里方与圆的组合意味着对内在男性力量调整的开始，并且更多是以方形为代表的女性力量为基础。方与圆结合的图形产生了完整或整合的意象（Cooper，2004）。

　　在初始沙盘中，我们讨论过青蛙有转化的能量。在这个沙盘中，站在滑梯顶部嘲弄和羞辱裸体小孩的男孩看起来似乎在准备滑向极具象征意味的喷泉—鸟浴盆的区域。这样的动作趋势暗示着洗礼式的转化，也进一步证实了汉娜内心男性与女性力量之间关系调整的变化。汉娜的内心已经准备将挑剔、苛刻的男性力量从高高在上的位置恢复到恰当的位置，并通过在水中的洗礼浸没，将其调整为女性力量的"辅助帮手"。

　　在汉娜的内心经历着这些变化时，在沙盘右上角出现了心灵的宝藏。汉娜在这里用一条精致的有五个水晶海星的手链创建了一片远离其他场景的圣地。在这个特殊的区域内，汉娜放了一只水晶河马、一只鸟和两片羽毛。像这样远离现实时空的神圣区域被称为"temenos"（希腊语，意思是神圣、受保护的空间）。它反映出了中心喷泉区域所代表的完整整合感，是自性的前身，是人格整体性的呈现。

　　河马、海星和鸟都富有象征意义。河马与女性能量有关。在埃及文化中，河马代表着伟大的母亲，河马女神陶尔特（Taurt）象征着慷慨和保护（Neumann，1972）。如初始沙盘中所讨论的，海星象征着人的整体性。而鸟被认为可以传送灵魂，与神进行沟通并可以进入较高的意识状态。这里的白鸟和沙盘中间位置的黑鸟，黑白相对，似乎也指出了汉娜内心的冲突对立状态。在这一盘中，汉娜感受到了她内心那个无助的小孩，同时她也获得了可以保护这个小孩儿的心理资源。在心灵上，她迈出了平衡女性与男性力量重要的一步。两极对立的场面开始出现，同时我们也看到了自性涌现的早期迹象。

汉娜沙盘 4

汉娜沙盘 4a

汉娜沙盘 4b

汉娜的故事
沙盘 4

伟大的时光机

这是一片印度安人居住的地区，有一名印第安酋长。酋长和他的妻子、儿子住在大帐篷里。印第安酋长站在自己的王座旁，守护着这片土地，不让任何邪恶的事情降临到这里。大象们在照顾他。

有一次，一个男孩发现了时光机。他可以随时穿越至过去或未来。他没有告诉任何人，一只猴子帮助他并和他一起进行时光旅行。当他第一次穿越的时候，他看见了一些想要同他一起回到印第安大陆的神奇动物。有瓢虫、斑马、蜗牛和猫。男孩每天都穿越过去带回来更多的动物。

有人塑造了一尊猴子雕像，它很像那只小猴子，总是用手捂住嘴巴。每当小猴子看见有坏人来的时候，他就躲进雕像中，动动雕像的手臂。雕像就亮了起来，并举起双手。敌人就被吓跑了。雕像里就是小猴子的家。后来酋长老了、累了，雕像就继位成为酋长。

讨论
汉娜沙盘 4

在沙盘 4 中，汉娜来到了印度安人的土地。这片土地由强大的有保护力的酋长统治。酋长就伫立在沙盘左上角的平坦岩石上，两旁有两只大象。酋长承载着初始沙盘中出现的占据统治地位的男性能量。不过，在这里他的身高比初始沙盘中的灯塔要矮得多，并且他站在两头大象中间。大象是了不起的母亲，它们辛勤地照顾着自己的孩子。所以，尽管仍然很威严，但这股男性能量已经不再作为单边力量，用不现实的期望和几近苛刻的评判来支配汉娜的心灵。在这里，受到来自大象充满关爱和强大的女性能量的影响，男性能量已经变得温和起来。

在与此相对的沙盘右上角，有一个年轻的印第安男孩和他的小猴子朋友。与对面有无限权力的酋长相比，这里出现了新的男性角色，尽管小，但可以助人。男孩发现了时光机，可以让他打破常规时间空间的限制随意穿越。有趣的是，汉娜的时光机是一个时钟。当我们在沙盘里看见时钟的出现时，我们知道时间紧要，需要马上开展针对心灵的修复工作。

在健康的阿尼姆斯(年轻男孩)的引领下，汉娜现在进入了心灵的不同层面。根据荣格分析心理学的观点，女性的人格特质主要由女性能量来主导，但同时必须要有健康的男性能量存在，也就是阿尼姆斯(Singer，1995)。通过这

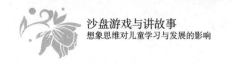

小部分男性能量的引领，女性人格可以实现自性的整合，人格中心化。

沙盘 3 里树顶的一只小猴子现在在沙盘 4 中变成了两个小猴子的帮手，这表明汉娜在越来越多地发掘自己的内心资源。正如我们前面所讨论过的，猴子有接近心灵的内驱力的象征。作为向导和保护者，这只猴子很有力量。汉娜告诉我们小猴子捂住了自己的嘴，我们在较大的木制猴子上也看到了相同的姿势。它们是静默的，但强有力的帮手。小猴子用手遮住嘴，安静地工作着。它观察着外界一切可能的麻烦危险，并且会启动大猴子雕像的保护力量。非常的奇妙，在沙盘游戏自由和受保护的空间里，汉娜的心灵生出了有益的男性力量，这力量将带她去到自己人格的核心，最真实的内心世界。

汉娜在故事中说得很清楚，时光旅行是一个秘密。在这里，这个特别的 10 岁女孩第一次开始有了属于自己的真实体验。现在开始，她的内心体验是由自性引发的，而不会再受到苛刻的男性权威力量的支配。实际上，汉娜发现这些时光旅行可以带来意想不到的好处。小男孩带回了一些神奇的宝藏，其中就有我们在初始沙盘中看到的瓢虫和蜗牛。

初始沙盘中，瓢虫发现并找回了被偷走的漂亮宝石。在初始沙盘中汉娜心灵期望发展成长的愿望，在这里通过印第安小男孩象征性地实现了。他将瓢虫带到这个世界中，而瓢虫代表着汉娜已经拥有的强大的内在心灵资源。我们之前谈到的瓢虫童谣，有这样的象征性意义——孩子急需母亲，或处在危险中，而母亲返回了家中。在这盘中，在印度安人的领地，酋长两旁的一对大象映射出母性的心理品质。由于汉娜对内在男性力量与女性力量的重整，现在她能够挖掘并培养自己"好母亲"的原型力量，而这种力量也将滋养她后续的人格发展。

酋长是作为一名强壮的男性出现的，但是很快我们发现他老了，累了，被雕像继位。印度安人，美洲原住民依靠大自然生活，并且遵循着自然的轮回和法则。随着在初始沙盘中占主导统治地位男性力量的失势，汉娜现在可以更自然本真地生活。她可以调动自己内在爱的能力，并全然接纳真实的自己。

此外，初始沙盘中漂亮的中国妇女又回来了。由于重新调整了男性能量与女性能量的关系，现在她处在沙盘的中心位置。在初始沙盘中她代表着一种潜在可发展的美好的女性力量，在这里她被放置在沙盘中央的位置，在一个漂亮的彩色帐篷下，身旁还有一只粉色的小猪。猪在象征意义上被认为是多产富饶的，因为它有较强的繁殖能力，可以生下许多的猪崽(Cooper，2004)。在沙盘 4 中，优雅的中国女性和粉色小猪的同时出现，表明在汉娜持续的心理发展过程中将会有大量美好的女性特质出现。

汉娜沙盘 5

汉娜沙盘 5a

汉娜沙盘 5b

汉娜沙盘 5c——故事的顺序从右至左 ←

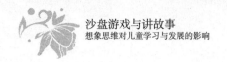

汉娜的故事

沙盘 5

大魔咒

这是个关于一只神奇的动物的故事。从前，当这只动物还是一个新生儿时，它的父母把它留在了山上，它在那里独自生活了许多年。它周围包裹着羊毛，所以不会感觉到冷。后来，邪恶的魔法师将这只动物变成了一只更老的不同的动物。他把装动物的篮子放到了山脚下。篮子里的羊毛变得越来越薄，因此动物觉得冷了。

几年以后，这只动物又发生了变化。现在它变得和房子一样大（斑点狗）。城镇里的人都很害怕它。但其他动物并不怕它，就好像压根没看见这只动物一样。有一天，这只动物到城镇里去找吃的，但是人们将它赶回到山上，并警告它不要再来。这只动物饿了四个月了。

一个从来不害怕这个动物的小女孩在湖边玩耍，将面包分给鸟儿吃。她喜欢同动物一起玩耍并喜欢帮助它们。在她旁边的小鸭子很喜欢被她抚摸。小女孩听说了这只动物的事情，未经父母的同意，她步行到了山上。

看见了这只动物，并同它说话。动物有点害怕，但女孩给了它食物，它狼吞虎咽地吃下了这些食物。女孩说他们应该一起下山，这样她就可以帮助它。动物对女孩很好，并在下山的路上要求她坐在自己的背上。他们下了山，女孩将这只神奇的动物介绍给城镇里的每个人和每只动物，最后他们在一起玩耍。

后来，魔法师来了，并制造了暴风雨。但随后黄色精灵为人们提供了帮助，并让魔法师离开这里。魔法师说："我不走。"黄色精灵生气了，想要通过念魔咒让魔法师消失。但他说错了咒语，魔法师变成了一个好人，变回了原来的自己。原来，他被另一个魔法师施了魔法，变成了一个魔法师（这时她在沙盘里加上一个戴帽子的渔夫，说他就是那个好人）。然后，黄色精灵将那只神奇的动物都变回了它应有的大小，就是山上篮子里的那只动物。

小女孩一点儿也不害怕这只动物，他们住在一起，玩在一起，在一起吃东西。动物可以帮助小女孩做很多事情。他们有一个秘密地点，他们经常在这个秘密地点玩耍。

讨论

汉娜沙盘 5

在沙盘 5 中，汉娜继续针对在上一盘中心位置出现的女性力量开展工作。

在这里，她通过一只被父母遗弃等着被饿死的小动物的悲伤故事，来探索自己愈合内在心灵伤痛的能力。汉娜所经历的痛苦和孤独，辛酸可见。即使动物有了变形，并且通过邪恶魔法师的魔法长大，城镇里的人依然拒绝给它吃的，并赶走了它。不过，一个关爱和理解动物的小女孩给了它安慰和食物。汉娜的故事告诉我们小女孩这样做是自愿的，没有经过父母的允许。通过自己故事的隐喻，汉娜告诉我们，她能够调动自己内在心灵的资源来修复自己人格受损的部分。

汉娜说小女孩下山的时候骑在巨型动物的背上，并回归了正常的生活。她将动物作为坐骑，表明她已掌控了自己新的心理品质，并且与自己的本能有了充分的沟通连接。汉娜不再受到自以为是的男性能量的折磨，而且现在她能够滋养它，并且欢迎它进入她的生活。

汉娜的女性能量现在更加强大了，并具有勇敢和治愈的品质。同时，她还与不具威胁的男性能量联系在一起，达成了两种力量之间的平衡，无论是女性力量还是男性力量都与本能有着健康的连接。

在经历了邪恶魔法师创造的暴风雨和佛祖(汉娜将佛祖称为黄色精灵)的干预保护后，汉娜的心灵可以调解那些心理问题，并将她新发展的心理品质整合到自己的人格中。魔法师变成了原来的模样，变成了好人，那只动物也变回了正常的大小。有趣的是汉娜选择渔夫来代表这个好人。象征意义上，鱼代表着在精神领域希望新生的深厚能量。在基督教的信仰中，鱼的希腊语写法是ΙΧΘΥΣ，这是首字母的缩写，翻译过来就是上帝之子耶稣·基督(Glazier和Hellwing，2004)。在印度教的传说里，毗湿奴神变成了一条大鱼，潜入海底解救了他挚爱的女人，被恶魔夺走了的帕尔瓦蒂(Parvati)。

帕尔瓦蒂是毗湿奴的配偶和女性的另一半，毗湿奴要有她才会活下去。就像汉娜故事中拯救那只神奇的小动物一样，毗湿奴与帕尔瓦蒂的神话故事也象征着女性力量与男性力量之间的重新整合。

在沙盘的中央，有一个小女孩在喂鸭子。鸭子在天空、地面和水之间穿梭，在美洲印第安文化中，鸭子调解着上苍和地狱之间的平衡(Cooper，2004)。因此，这只鸭子也许代表着能够从潜意识中获得新的心理内容的能量。这种能量可以打开内心的创造潜能，促进自我更了解自性。汉娜故事里的小女孩在喂鸭子，也就是在滋养着它们所代表的创造力和灵性的能力。

汉娜沙盘 6

汉娜沙盘 **6a**

汉娜沙盘 **6b**

汉娜沙盘 **6c**

汉娜的故事

沙盘 6

伟大的比赛

这是一场比赛。拉着雪橇的圣诞老人和小精灵也参加了。大家都认为大红车将赢得比赛，绿车第二，小红车和雪橇将出局。

小女孩是裁判员，青蛙有双筒望远镜可以记录分数，并可以确定谁将赢得比赛。观众在观看比赛，还有乐队在表演。有个人在打鼓，绵羊在咩咩叫，鸟儿在唱歌。

当圣诞老人够得到书的时候，书合上了，圣诞老人到达了自己的终点。奖品为红钻石。

比赛最终以小红车和雪橇并列第一结束。大红车出局了。它没了汽油失去了控制。绿车最后得了第二名。打成平手的两方成了好朋友，他们没有争吵。圣诞老人邀请小红车去他的国度，后来圣诞老人将小红车送给了裁判小女孩——将它放在了她的圣诞鞋子里。女孩让小红车参加了所有的比赛，它成了佼佼者，圣诞老人看着这一切发生。

讨论

汉娜沙盘6

在这盘里，汉娜设计了四种不同车辆之间的比赛：雪橇、小红车、绿车和红紫色的跑车。和之前一样，汉娜制作得非常认真。值得注意的是，她使用一块黄色积木当雪橇，用一把白色的椅子当司机的座椅，是非常富有想象力的。雪橇前的七匹马之间并没有用真的缰绳来做捆绑，但是仅仅凭着所呈现的意图，我们就能感受到它们在一起飞奔着。

有趣的是，圣诞老人驾驶着雪橇。如同圣诞夜黑暗中诞生的曙光一样，在这个沙盘中出现了新的开始。所有人都预计将会出局的圣诞老人和小红车，最后打成平手，成为真正的赢家。他们在领奖台上领奖——一颗大的红色珠宝。事实上他们两个人共同分享奖品这一情节，进一步证明了新的心理品质产生的象征。正如前面所讨论的那样，数字二通常与潜意识中涌现出新的心灵品质有关（Eastwood，2002）。

有许多关于失利者最后胜利的故事。其中一个就是花木兰，中国古老诗歌中的一位女孩，她替父从军。很勇敢忠诚，并最终取得了胜利。最后，她因自己的勇敢而获得了嘉奖。这则故事在传递着这样的信息，如果你对一件事情有足够的热爱和勇气，就一定可以完成它，不管在其他人看起来这件事情是多么的不可能（Dong，2010）。

汉娜赛车中的裁判是一个坚定的小女孩，大权在握。她站在那里，得体地拿着自己的提包。她不再是一个受害者(像沙盘 4 中那个毫无防御能力的小孩),而是一个比赛的组织者和决策者。看起来汉娜已经摆脱了权力被剥夺的状态,现在她有能力决定自己身边发生的事情,并且会自己做决定。当圣诞老人到达书的位置时就意味着这种成长的能力得到了支持。书合上了,圣诞老人获得了奖品。这是他的地盘,本应属于他的地方。英语有句谚语"他们合上了书"意思是说他们完成了自己的任务。而事实上这本小书是一本字典,字典会定义并告诉我们事物的含义,这也证明了汉娜的成长。所有人都在庆祝这次成功,乐队在表演,绵羊在咩咩叫,鸟儿在唱歌。在汉娜意识到自己有照顾自我和自我管控感的能力,并在不断发展时,所有的本性都涌现出来。

沙盘 6 中红色和白色的色彩最为突出。红色与能量、情感和激情有关,所有这些在汉娜的比赛中都可以感觉到(Cooper,2004)。圣诞老人穿着红白相间的衣服,而他的乘客和雪橇也有同样的颜色。意味着比赛终点的书的封面、并列第一的小车和作为奖品的珠宝都是红色。

在西方文化中白色代表纯洁(De Vries,1984)。在这个沙盘中,我们看到圣诞老人坐在白色的椅子上驾驶着雪橇,而领奖台旁的两只小鸟和两只小羊也都是白色的。雪橇前领头的马也是白色的。这匹马也许代表着死神的使者,会在生与死的时候引渡人的灵魂(Samules,1997)。在心理学术语中,这一形象具有在自我和潜意识之间连接协调的作用。在这只美丽优雅的动物的帮助下,汉娜可以继续自信精准地深度挖掘自己。

汉娜沙盘 7

汉娜沙盘 7a

汉娜沙盘 **7b**

汉娜沙盘 **7c**

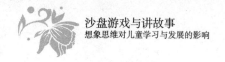

汉娜的故事

沙盘 7

魔法鞋

有一次，三个最好的朋友走在放学回家的路上。泰迪熊女孩是一对双胞胎。她们回家后准备野炊的零食。大家决定去爬学校附近的一座山，以前她们从未去过那儿。爬山时她们吃了一点儿东西，突然，一个泰迪熊女孩看见了一个藏宝箱，并告诉了她的朋友。她们尝试着各种办法将它打开。最后双胞胎的朋友成功地打开了藏宝箱，她们原以为箱子里面是金子，这样她们就都会变得富有。但是，她们发现箱子里是一双木屐，她们试穿了一下这双鞋，尽管她们的鞋码尺寸都不一样，但所有人穿着都刚好合适。她们称这双木屐为魔法鞋，并没有告诉任何人。

几天之后，她们再次去取那双鞋。其中两个人每人穿了一只鞋，第三个人站在她们中间。神奇的事情发生了。她们开始转圈，一下子来到了一个陌生的地方。现在她们知道了这双鞋就是她们所期待的魔法鞋。后来，她们到了海里，变成了美人鱼，玩得很高兴。她们玩够了之后就让魔法鞋带她们回家，魔法鞋做到了。

第二天放学后，她们再次走向藏宝箱，穿上了鞋子，这次她们到了一个奇特的世界，那里的人很奇怪，都住在树上。人们教女孩们在树上荡秋千，她们玩得很高兴。等她们玩够了就回家了。

又过了一天，她们再次爬上了山，但鞋子消失了。她们到处找鞋子。她们找到了一张纸条，上面写着鞋子已经累了，需要休息一周。同时还说鞋子是属于她们的，没有人能够偷走它们。在那之后，当鞋子在藏宝箱里的时候，她们就去进行神奇旅行，玩得很开心，并了解了越来越多的东西。

讨论

汉娜沙盘 7

在沙盘 7 中，汉娜带我们经历了一次放学后的愉快探险。在沙盘 6 中担任裁判的能干小女孩带着她的孪生泰迪熊朋友们又出现在这里。她们一起爬山，并找到了一个特殊的宝藏。

汉娜使用积木和家具搭建了学校。她需要另一张课桌，但沙具里没有，所以她创造性地将一张小床翻过来，来作为第二张课桌。在整个沙游历程中，汉娜向我们展示了她对于沙具使用的独特智慧。我们还记得在沙盘 2 中她也将一张翻转的床作为佛祖的供桌。在初始沙盘中，她用骨头和贝壳建造了一扇大门。在沙盘 2 中除了供桌，汉娜还用积木搭了一座塔，用木盘环绕着机器人面包师，用一片折叠的屏风盖在老夫妇上，代表屋顶和房子。在沙盘 3 中，汉娜用骨头、海胆和大块扁平的岩石搭建了滑梯。沙盘 4 中汉娜用折叠的屏风、一块手帕和用骨头当作支撑而创造了小帐篷村庄。在沙盘 5 中，汉娜用一些羊毛将变形的动物包裹住，让它们保暖，并用一截中空的骨头作为咖啡桌。

尽管汉娜在阅读上有些困难，但她在空间智能方面明显具有高度的创造性（Armstrong，1999）。从汉娜非常具有想象力的故事中我们可以看到，与阅读、书面语言不同，她具有十分灵活的思维方式。沙盘游戏疗法提供的自由和讲故事法的开放性为汉娜提供了一个用沙具、象征、想象力这一语言来表达自己的完美媒介。这让她可以创造并反映出自己的经历，展示出自己的内心冲突和潜能，而这在其他形式中是难以实现的。

汉娜告诉我们小女孩和她的朋友们爬上了山，在那里他们找到了一双魔法鞋，并将他们带到了新的世界。孩子们穿上这双被施了魔法的木屐所到访的地方充满了神奇的新体验。魔法鞋让她以一种非常原始的方法实现了生命的穿越。象征意义上，鞋子暗指个人决定朝着某个特殊方向前进，也暗指努力去实现一个目标（Cooper，2004）。它们代表着我们怎样去生活。汉娜告诉我们有了这双刚好合脚的特殊鞋子，孩子们有了可以到处游走的新方法，并让他们能够"了解到越来越多的东西"。看来汉娜已经开始了新的学习方式。通过沙盘游戏，汉娜很可能开始建立新的神经通路，而这一改变将开启新的学习思维方式。

和之前的沙盘一样，汉娜新发现的宝藏都是在一个神圣的圣殿"temenos"中，它们被树丛掩蔽，远离现实的时间和空间。藏宝箱地点的特殊性以及他们必须爬上山才能找到藏宝箱，都告诉我们汉娜已经到达了新的心灵高度。她进入了新的人格层面，并发现了可以帮助她跨越某些功能受限的内心资源。由于是垂直上升，汉娜的大脑可能正处于联系不同层次的神经体验的过程中。也许这是躯体感觉和脑干感知觉信息的垂直整合，会带动边缘系统和大脑皮层更加高功能化，从而使她能够更好地理解和明白自己的学习差异。从中可以看出，她将更有意识地发展自己的天赋，更少地自我评判和去满足他人的期盼。

像胚胎发育似的新生品质可以通过一对泰迪熊反映出来。汉娜将它们描述成双胞胎。沙盘游戏中的成对的沙具代表着数字二，这让我们又想到了新的内心品质正在涌现出来。一些新的内容开始从潜意识（数字一代表的整体性）中涌现出来。由于有了二，一这个整体被一分为二，之后还会发展出新的品质（出现数字三），接着这品质就会在现实生活中表现出来（出现数字四）（Eastwood，

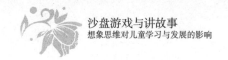

2002)。在汉娜的沙盘中，双胞胎与这个能干的小女孩一起去探险。她们一起发现了魔法鞋并到新的世界去探险。这个沙盘中的双胞胎主题延续了上一盘中圣诞与新生的主题。从沙盘 6 中圣诞夜里曙光的来临，意味着将出现新生，发展到这一盘里出现了一对孪生泰迪熊。尽管汉娜获得的新的心灵品质正在"长大"，但仍然处于发展的初期。我们可以期待这些新的心理品质或萌芽阶段的能力，能够让她不断地学习，并在后续的沙盘中进一步发展成熟。

汉娜的故事表明她已经能够设定自己的内在界限。她能够非常合理、理性地安排适当的时间回家和休息，同时，还富有想象力。她告诉我们："……他们玩够了之后就想回家。"她重复着这句话结束了故事中的第二次探险，后来在故事中鞋子累了，需要休息一个星期。很显然，她可以充分感受到自己内在的需要并有解决这需要的方法。

在这个沙盘中，汉娜创造的学校里，空荡荡的教室中，老师坐在课桌后，阅读着在沙盘 5 中出现过的字典。也许她呈现出来的老师的这一部分，是在梳理自己与学校、学习之间的关系。教室里没有学生只有老师。探险和学习都是在教室以外发生的事。在校园里，有五颜六色的珠宝和一个供孩子们玩的沙箱。教室外的珠宝也许代表着对汉娜来说学校和学习的丰富多彩。也许汉娜正在欣赏自己的智慧才能，而这种智慧是不需要通过家庭作业来衡量的。汉娜的小沙箱构造巧妙，并且位于接近沙盘中心的位置。她特别努力地用贝壳创造了这个沙箱，并将它放在显眼的位置，以此来强调沙盘游戏对她个人的重要意义。看来汉娜有一部分内在已经认识到沙盘游戏让她可以探索到自我一些新的方面，而这是通过常规的课堂学习无法实现的。

汉娜沙盘 8

汉娜沙盘 8

汉娜的故事
沙盘 8

伟大的谜题

从前有一个女孩，她需要解开一些谜题，因为世界快要灭亡了。如果她可以解开谜题，世界将不再有危险。第一道谜题，她必须不被玫瑰刺到，顺利到达蓝色的石头上。她成功了，并能够摸到石头。

接下来是第二个谜题。在这个谜题中，她必须要穿过一大片森林。树木千方百计要抓住她，但她用自己的剑砍断了树枝。成功了。在第三个谜题中，她必须要在不断上下起伏的石头中，从一块石头跳向另一块石头，直到到达两块蓝色石头上。

现在她要面对最后一道谜题。在这道谜题中，她必须要到达三个抽屉那里，并且必须在这三个抽屉中放入 300 块石头，还要确保每块石头都在它该在的抽屉里。如果她成功了，将会出现一个楼梯。顺着楼梯她可以爬到抽屉的顶部，并打开一个有萃取汁的瓶子。（汉娜从沙架上取了一个瓶子）。如果一切顺利做到，世界将恢复秩序。

一头美洲豹和两头大象在抽屉前面看守着。女孩必须要说出密码才可以进去。她想了想说道："给我让开，因为我已经解决了所有的谜题，我也将解开最后一道。"

它们让女孩进去了，她开始尝试将石头放进抽屉，但抽屉告诉她它们的位置不对。她又试了一次，发现有两块石头放错了位置。她发现最大块的石头已经没有位置放了，所以把它们放在了抽屉周围。接着她听到了一个声响，她有些害怕。抽屉变成了楼梯。她朝着有萃取汁的瓶子走去，还看见了在她之前尝试解决谜题的其他人的照片。她试着打开了瓶子，出现了一个精灵，精灵告诉她，她已经成功解决了所有的谜题，世界将不会再有危险。然后精灵带她回到了家，许多人都在欢迎她回来。她非常自豪，并过着幸福的生活直至终老。

讨论
汉娜沙盘 8
在沙盘 8 中，汉娜面临并解决了一系列的谜题。对此她毫无选择，因为整个世界的命运都将取决于她。她独自走在这场原型之旅中。没有人帮助她，她完全依靠自己的内在资源。她必须要非常勇敢地经历整个旅行，同时，这场内在心灵之旅如果挑战失败，将会导致她的毁灭。心灵开始直面对内心新品质的

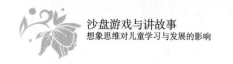

需要，而新的品质将取代她以往过度依赖的男性能量。现在她别无选择，只能转化或直面自己的毁灭。

在汉娜的上一盘中，两只泰迪熊表明一些新的品质正在开始展现。在这个沙盘中，一组充满活力的树木代表着这些新的内心品质在生长运动。沙盘中央圣殿"temenos"区域的两边各有三块蓝色的石头、三块贝壳，在大门口有三只动物、三棵树，另外还有三百块石头、六朵玫瑰花和三片玫瑰花瓣。汉娜积极努力地解决了谜题，将事物整理排序，并到达了自性的中心。花木兰在这里又以主人公的身份再次出现。汉娜对花木兰的选择也恰当地反映了自己内心的挣扎。尽管有危险和许多障碍，但在这里她展示了自己将解决问题，让事物恢复秩序的决心。

在这一盘中，汉娜的旅行进入了较深的层次。她处于潜意识的深处。这是一次艰难的经历，她遇到了各种阻碍。通向自性的道路并不简单。它需要不懈地坚持和对目标的专注。汉娜故事中的经历很有神话的味道。她的故事与古代苏美尔人伊南娜的故事有点类似，伊南娜是生育女神，她闯到下界让她年轻的丈夫起死回生。在前往下界的过程中，伊南娜经历了很多考验，被剥夺了几乎所有的权利。当她最终到达目的地时，她死去了，地球上所有的植物都枯萎了。神将生命之水洒向她，让她复活并返回人间（Campbell，2008）。同伊南娜一样，也许汉娜也将发生转化和新生。

在第一项任务中，汉娜必须通过一个带刺的玫瑰花园。她仔细避开了危险，获得了一块蓝色的石头。玫瑰刺富有象征意义。在基督教的世界中，玫瑰刺被视为基督的母亲玛利亚所经受的苦难。有人说基督受难时戴的荆棘王冠就是由玫瑰枝条做成的。在墨西哥的塔拉斯坎人地区，婚礼结束时，新婚夫妇要用玫瑰刺轻轻地划破对方的脸。这一流血仪式象征着两方家庭和亲属之间的联合（Friedrich，2006）。

将这一象征意义运用到汉娜的沙盘中，很显然第一道谜题是与经历一段痛苦以获得某种珍贵的东西有关。遭受就是经历，字面意思就是忍受，其拉丁语词根是"su"和"fer"。为了找到回归自性的心灵家园之路，汉娜必须要经历这些，并为自己负责，为自己的生命负责。从深层意义上来讲，汉娜的内心在努力需求一种内在的整合，直达内在的真实自我。

在第二个挑战中，汉娜故事中的女英雄必须要穿过非常危险的森林，那里的树木"……千方百计要抓到她"。她用剑猛砍企图紧紧抓住她的树枝，最后她成功了。在许多童话故事中，都有危险的森林形象。小红帽的故事中，在她穿过森林去祖母家的路上，遇到了大灰狼，大灰狼想吃掉她（Schart，1982）。在另一个故事中，汉塞尔（Hansel）和格里斯汀（Grestel）的邪恶继母将他们赶出了房子，让他们的父亲把他们带到森林深处遗弃他们。在两个孩子通过各种各样聪明办法再次返家后，挫败的父母试着将他们丢弃在森林中让他们自生自灭，最终两个孩子迷路了。在绝望的流浪过程中，他们发现了一座用蛋糕和糖果制成的房子。但这所房子是吃人的女巫的，她诱骗了两个孩子并把他们吃掉了（Opie 和 Opie，1972）。

与这些童话故事中一样，在汉娜的沙盘中，冒险进入森林就意味着陷入潜意识的黑暗面。这非常可怕，因为我们根本无法看到那里有什么。那是未知并恐怖的。汉娜的女英雄用剑成功地挡开了危险的树木。在象征意义上，剑和利刃都与太阳神有关，被比作阳光和太阳的光束。剑与神圣的分割力量和将一件事物同另一件事物分隔开的果断行为有关（Cooper，2004）。因此，它们通过切断整理事物而带来秩序。自性中心化之旅要求必须要有分辨的胆识和敏锐度，能区分出什么是与自性相连的，什么不是。幸运的是，我们勇敢的女英雄成功地穿过了恐怖的森林。

在汉娜的第三次考验中，她必须要走在上下移动的岩石上，并最终要站在两块珍贵的蓝色石头上。这让我们想起了奥德修斯在特洛伊陷落之后，返家的漫长路途中穿过岩石相互碰撞的被称为叙姆普勒加得斯（Symplegades）的道路（荷马史诗中的奥德赛 Homer's Odyssey，2000）。在汉娜的沙盘故事中，移动的石头与荷马史诗中的石头是一样危险的。在汉娜的内心，这些危险的石头是她在回到家之前必须面对的严峻考验。从象征意义上，她成功通过了移动的岩石是新的生活方式的开始，而这也将让她离自己的目标更近。

值得注意的是，在四道谜题中有两道都出现了蓝色石头。尽管颜色的象征意义在不同文化背景中都有所不同，但对于蓝色石头的解释却都很有趣。例如，在佛佛教传说中，佛祖的痛苦避难所之一就是一块铺满蓝色石头的土地（Birnbaum，1979）。对大多数人来说，蓝色都具有镇静作用，并且被临床证实能够起到降低呼吸频率和血压的作用（Birren，1950）。蓝色也是水的颜色，与如水一样的女性特质、生命和纯洁等有关。在天主教传说中，蓝色与圣母玛利亚有关（Glazier & Hellwing，2004）。在密宗传统中，蓝色与咽喉脉轮有关，心灵能量整合让人吐露真言，并开启与心灵的沟通（Vedfelt，1992）。为了到达自性，汉娜必须发展内心平静和沉着的品质。她必须接纳她本真的女性力量，必须要清楚了解真实的自我，并勇敢地表达真实的自我。

汉娜的最后一次考验需要她穿过由一头美洲豹和两头大象守卫的大门。而想顺利通过，她必须提供密码。她必须证实她有进入这里的权利并证明她一路的努力。一旦进入这个神圣的中心区域，她必须按顺序摆放 300 块石头。这是一项令人生畏的，几乎不可能完成的任务。不过，凭着内心深处的本能，汉娜知道内心的某部分秩序被打乱，并且她也知道该如何重新调整梳理这部分。在前三次考验中，汉娜的女英雄凭借自己的本能克服困难，并来到了这个中央区域，在这里她经历了富有意义的原型式的重新排序。在这里自性的中心化让她了解内心的合适顺序。她需要使用一种新的不同的思维方式完成这项任务。她以往的习惯性思维将不再起作用，当然也不可能可以进入到中心区域。除了非黑即白、是非对错这样她以往习惯的理性(男性)思维模式，现在她将逻辑思维与内在直觉(非理性思维方式)结合起来。在汉娜的故事中来自内心深处的智慧告诉她说："给我让开，因为我已经解决了所有的谜题，我也将解开最后一道。"

帮助汉娜发现石头放错了位置的内心的非理性知觉，向豹子和大象强调的智慧言语，都表明她神经系统整合的新发展阶段。看起来，汉娜的神经系统在进行左右脑的连接，一边是负责聚焦专注的左脑；一边是负责整体感知觉的右脑。内心的整合让汉娜的思维方式拥有了源于右脑的丰富新方式。从心理学上说，汉娜的心灵现在可以获取来自潜意识的信息，并将这些信息意识化，应用于有意识的外部生活行为中。她正在让意识的自我与自性之间保持协调统一。

梳妆台是汉娜最先放在沙盘中的沙具，并且起着重要的作用。它里面不仅放了需要整理的石头，在女主人公爬到顶上的时候，她还看见了许多之前尝试解谜题失败的人的照片。她所经历的任务和考验是异常困难的。照片也是先驱者们努力无果的纪念物。尽管许多人来参加旅行，但之前没有人取得成功。这次旅行需要有对目标的专注和极大的勇气。我们想到了，在《薄伽梵歌》第七章，克利须那神对阿朱那的回答。

> 于成千上万的凡人中，可能有一个，
> 为真理献身，而在其他人中，
> 不，高高站起的——只有一个人
> 像我一样，知道真相
> (Arnold，1970)

当她将石头放在正确的位置时，地球上发出了可怕的隆隆声。一切都将改变。梳妆台变成了楼梯，楼梯通向装有魔法万能药水的瓶子。汉娜告诉我们精灵在高处，就在梳妆台的顶上。

尽管一开始汉娜的阿尼姆斯有些疯狂，但现在转变成了健康的阿尼姆斯，以花木兰的形象为代表，这是一位女扮男装的美丽中国少女。这个阿尼姆斯一路勇敢地保护她，引领她走向自己的心灵家园。汉娜告诉我们精灵"带她回了家"。在她感人的故事结尾，汉娜告诉我们："……她很自豪。"在经历了种种考验后，汉娜经历了自性的中心化——人格的核心。汉娜现在可以获得来自内心深处的资源，这些资源将支持和促进她继续的成长和发展。

汉娜沙盘 9

汉娜沙盘 9a

汉娜沙盘 9b

汉娜的故事
沙盘 9

伟大的镜子

　　故事发生在一个小岛上，这里只有动物和一个统治着这里的女人。镜子就像神一样，它帮助动物，并且教它们处理事物。

　　一天，来了一个坏人，他说要将所有的动物带走，并将它们投入监狱。在他到来后不久，一些小矮人来了要将动物带走，但是动物们都藏了起来。男人说他要走了，并且将永远不再回来。但女人意识到他还会回来。果然晚上的时候，他回来了，并且带走了所有的动物。女人到处寻找，没有找到动物们。

　　她找了它们半年。这时，动物们有了计划它们打算挖条地道。镜子听到了这个计划，并帮助了他们。当女人醒来的时候，她看到动物从镜子中走了出来，她非常高兴，并拥抱着这些动物。动物们告诉她那个坏男人原本计划也将她带走的。

　　第二天，男人和小矮人们赶着来抓女人，非常匆忙以至于他们忘了检查关着动物们的监狱。小矮人们去抓捕女人但没有找着。女人让镜子将小矮人和男人赶走，并将他们变成好人，让他们永远不要再回来了。

　　小矮人们找了很长时间后，他们听到了雷声。闪电在他们身上照射了一道强光，他们很害怕，跑回了家，并变成了好人。动物们很高兴，并举行了派对庆祝。

　　男人回来了，动物们很害怕，但它们发现男人变好了。在此之后，男人和小矮人们经常去拜访他们并且帮助动物和女人。

讨论
汉娜沙盘 9

　　在上一盘中，汉娜解开了最复杂的谜题，到达了自性的中心，也就是木兰这位有勇气和自信的少女沙具形象。在一种健康的男性能量的引领下，她完成了这项任务。现在，她开始了将新的视野整合进自己的意识，同时，她也意识到如果对阿尼姆斯失去控制是非常危险的。在沙盘中表现出来，就是他会伤害那些动物——代表着她自己本能的智慧。除此之外，他还对自己的女性自我产生了威胁，沙盘中这一女性自我的呈现就是中央位置站在扇子上那位穿着丝绸长袍的优雅亚洲女性。汉娜将她放在一块有四个角的布片上。尽管不是标准的正方形，但这样类似方形的形状表明她开始确立自己新发现的女性能量的价值。她开始让自我、意识与自性进行协调统一。

在沙盘右上角，汉娜在圆形池塘里摆放了一条鱼和一只破壳而出的小乌龟宝宝。圆形开放的池塘意味着汉娜已准备好进入自己的潜意识，同时鱼和乌龟进一步反映出她的心灵接近整合。我们知道乌龟有代表着整合完整的原型形状，它的壳是圆形的，腹部是方形的。这只小乌龟刚刚出生，就好像汉娜在自性中刚刚获得的整合。鱼通常被视为精神的象征。如我们前面所看到的，早期的基督教徒会用一条鱼的图形来标明自己祈祷、礼拜的地方。在西伯利亚和亚洲内陆的萨满教中，鱼通常作为萨满巫师的通灵助手之一。萨满巫师可以化为鱼形去到灵魂世界，或者鱼也可以作为一个助手，全程陪伴萨满巫师(Eliade, 1974)。

与两面镜子相平行，沙盘中央的女性两侧各有一个萨满面具。故事中镜子是神，而萨满可以将现实世界与神的世界连接在一起。他们同神交流，是天地间的纽带。萨满巫师是会巫术的男人和女人，他们可以通灵，与灵魂交流。在不同的文化中，萨满巫师通常使用树或梯子作为象征期望到达更高的境界。有些巫师会爬上神树或圣梯进行仪式，而有一些巫师则会将树或梯子的小图形，纹在自己身上或刻在自己的船上(Eliade, 1974)。与巫师相类似，在汉娜的上一个沙盘中，她爬上了魔法抽屉变成的梯子，并遇见了精灵，精灵将她送回了家。

汉娜将自己的这个沙盘命名为"伟大的镜子"。镜子是她最先放在沙盘中的沙具，是这片土地之神。在镜子中，她审视着自己的好与坏。随着汉娜逐渐清晰地看到内在的自己对男性品质的过度倚重，这所造成的威胁也以大个头具有威胁性的男人形象出现在沙盘里。他以一种威胁的姿势拿着一把钉耙，好像要朝着中间的漂亮女性走去。他的帮手(汉娜称之为小矮人)是拿着武器的士兵。汉娜告诉我们闪电突然在这些过去在黑暗面里的品质上打了一道强光，而那些品质正是她过高的男性能量。与此同时，这些过去危险的人物或所象征的心理品质，变得不再有害反而有益，可以给予人帮助。由于汉娜已经意识到，或"看到"了过度男性能量所带来的威胁，因此，她现在能够坚持将女性能量放在自我的中心。当她意识到以往掌控着她的男性能量失去了主导地位时，这种能量转化成了她的伙伴和助手。

被危险的男人抓住的动物在镜子的帮助下回来了。动物们在地下挖了一条回家的地道。它们所做的事情，就像小矮人在地下工作一样，进入了潜意识，将汉娜带到了她内心的核心位置。镜子(神)帮助动物们工作。汉娜的本能知道她内心的核心在哪里。在这里，汉娜在象征意义上认识到了女性能量的价值。

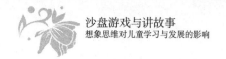

她将这些新的心理品质与意识整合在一起，她发现跟随着自己的本能将不会走错方向，同时她也对自己的阿尼姆斯有了管控的能力。她将保持女性能量为核心，跟随着心灵或自性的指引。

汉娜沙盘 10

汉娜沙盘 10a

汉娜沙盘 10b

汉娜的故事
沙盘 10

海螺壳之旅

这是一个海滩。有一条用贝壳铺就的小路通向岸边。你不能在小路外走，因为小路外面有蛇，它们很危险。人们在岸边。没有人去右边的角落，因为据传说小矮人会从贝壳里出来。这些树可以作为一个围栏，挡住那些蛇不让它们到海滩上去伤害人们。

这个小男孩叫汤姆（Tom），他在海滩上和自己的狗一起玩。他真的很想看一下海螺壳和那些蛇，但他知道他不应该那样做。当海滩关闭，所有人都走了的时候，住在海滩附近的汤姆在公园里玩球。他将球扔得太远了，球落在了贝壳旁边。

汤姆不能走小路到海边去，因为大门已经关了。唯一的办法就是从蛇所住的地方通过。狗和汤姆静静地走在沙子上，然后他们听到紫色的蛇说："我们蛇其实是好的，不过我们太饿了，因为我们没有东西吃，如果人们路过的时候给我们扔一些面包屑，我们真的会非常感谢。"

蛇还对汤姆说："如果你告诉人们给我们一点食物，我就告诉你海螺壳后面有什么。"汤姆打算第二天就告诉人们。蛇提醒汤姆靠近贝壳的时候要格外小心。蛇说贝壳里其实没有小矮人——那是一个恶作剧。蛇还告诉汤姆当他从后面看贝壳的时候，就会在贝壳上看见一张脸。

汤姆走了过去，看到了一张脸，他有点害怕，但很快他发现那是一张好人的脸。脸问汤姆是否愿意去海里冒险。男孩和狗都想去。脸说："把我抬起来，带我到海边，然后我就会带你们去见一些动物，它们会和你们一起玩，并为你们做任何事情。"

他们在贝壳上出海了，并且可以在海里呼吸。然后他们看见了许多动物，同它们一起玩，并且玩得很高兴。

后来，男孩说他要回家，他们进到贝壳里，回到了家。第二天，他们告诉人们蛇是好的，但就是饿了，需要一些面包屑。岸边的守卫问他是如何知道的，男孩说他的球被扔到了蛇的身边，然后蛇就告诉他这些事情。他没有告诉任何人有关贝壳的事情，但他每天都去看贝壳，并且一同到海里去。

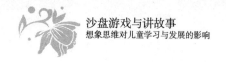

讨论

汉娜沙盘 10

在沙盘 10 中，汉娜来到了海滩上，这里是陆地与水相交融的地方。在内心的维度上，这是意识与潜意识的边界。在沙盘 8 中她到达了人格的核心，自性，并且已经开始认识到男性能量的阴影面，现在汉娜准备开始进行更多意识与潜意识之间的交流。

通往海滩的小路清晰地用贝壳标注了出来。拿着黑色手提包沿着贝壳小路来到海岸边的这个沙盘人物是"姆明妈妈"。她是芬兰儿童故事《姆明一家》里的人物，是一位平和的母亲，总是对人友善、乐于助人，并且愿意安慰别人。她尊重每个人的独特性，并且坚信我们都是从错误中不断学习的。姆明妈妈宅心仁厚，只有当她放错了自己的家庭急救包时才会慌乱。除非急救手包又回到她身边，否则她都会有点抓狂。也许这个可爱的小沙具代表着汉娜内在母性的新品质。看起来，在这趟心灵之旅中，汉娜已经发掘出内在温柔关爱的资源，而这爱的能力可以滋养她自己，并全盘接纳真实的自己。姆明妈妈后面跟着一位穿红衣服的美丽黑人女性。也许这个沙具代表着汉娜正在发展的女性能量的内在力量和优势。

象征意义上，故事中的汤姆代表着汉娜发展中的阿尼姆斯，而狗是她本能的力量。这个新的健康的阿尼姆斯帮助她接近自性的整合，以及持续发展的新的可能。贝壳躲在有树木庇护起来的圣殿"temenos"区域。这是一个神圣的地域，不属于日常的时空。另外，汤姆和他的狗在沙盘的边缘。表明在日常生活中他们并不处于核心位置，但是他们是内心的引领者。他们和贝壳一样，都不属于现实的世界。

汉娜提到汤姆"……真的很想去看一下海螺壳和那些蛇"。尽管并不容易，但汤姆和他的狗会找到通往神秘贝壳的道路。他们并不是用以往的惯性方式完成的任务。更重要的是，他们并不是偶然找到了这条路，而是有意识、有目的的。汉娜开始与自己的内心世界形成一种更意识化的关系。通过在沙盘中象征性的工作，汉娜已经解决了以往只依靠阿尼姆斯，排斥女性力量的问题。阿尼姆斯不再是自我苛责的主导者。汉娜已经找到了新的阿尼姆斯，并尊重他让他成为内心世界的有力帮手和引导者。她需要健康阿尼姆斯的辨别能力，来确定通往女性潜意识海洋的道路，同时，她还需要保持以女性能量为根本的基础。

汉娜说偏离了日常的小路可能会遇到危险。汤姆要冒险去拜访这个神秘的贝壳。他必须要面对那些蛇。为了更深入潜意识，就必须要突破已知和未知的界限。必须要面对黑暗。如果一个个体希望获得心灵上的成长与发展，变得比现在的自己更好，就必须要进入新的、未知的心灵领域。在故事中，汉娜说过汤姆住在海滩附近。他住在意识和潜意识的边界，作为交流这两个层面心灵信息的信使。在故事里由于海滩的大门关了，汤姆不得不穿过那些蛇到贝壳那里去。但是，当他遇到了蛇，他发现蛇并不像人们之前认为的那样危险。当汉娜开始向潜意识探索时，她意识到了阴影面所存在的东西，而阴影已经对她失去了控制。实际上，这些蛇是真的饿了。汉娜的内在智慧认识到这些是她人格的不同侧面，它们需要被注意也需要被滋养。而一旦遇到了蛇，给它们所需要的，它们就会变成旅途中的助手。

蛇告诉汤姆贝壳的背面有一张脸。这张脸是活生生充满活力的。汉娜故事的主人公一开始被这张脸吓了一跳。但是，他很快就发现实际上这张脸是友好的。脸问他是否愿意"……到海上去冒险"。汤姆很快同意了，并开始了在海里的游历。在这里阿尼姆斯与内心世界进行了交流，并找到了探索潜意识的方法。

由于它的外形，在象征意义上，海螺壳与女性的生殖器相关联。在许多原始文明中，海螺壳是女性繁殖的象征。它象征着大母神的门户，大母神是女性能量的原型，她既生育世间万物又可以耗尽所有的生命（Neumann，1991）。这是生死的轮回。海螺壳还被用作号角，在特殊的时刻被吹响。在南亚文化中，吹响海螺壳标志着宗教仪式的开始和结束（Eliade，1996）。人们通常在寺庙的大门口吹响海螺壳，以定义宗教时空与日常时空之间的界限。在佛佛教传统中，佛祖通过吹响海螺壳来宣布自己拯救众生的承诺。这反映了汉娜新发现的自己与潜意识之间的关系的主题。现在她拥有了新的人格面，她的生活将不会再同从前一样了。

在故事中，汉娜将蛇与海螺壳配对、男性与女性配对。作为一个女孩，这种男性能量和女性能量之间的健康平衡关系，将促进她持续的发展。在出海的时候，汉娜说他们能够在水下呼吸，这表明她确认了自己发展的能力能够在内心世界里自在地航行。汤姆骑着海螺出海和动物们一起玩的时候觉得很开心。他潜到了水中，并且能够呼吸。这意味着阿尼姆斯在潜意识深处是一名好向导，重要的向导。

此外，这些探索也是有限制的。同沙盘7中的三个好朋友一样，男孩知道该回家的时间。所以有一条路通向她的内心资源，还有一条路通往外部世界。在沙盘游戏的象征性工作中，汉娜认识到她必须谨慎地进入和走出自己的内心世界，同时她必须立足于外部的现实生活。

汉娜在她的故事结尾说汤姆告诉了守卫他是如何知道关于蛇的事情，但他

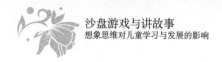

没有告诉任何人在海螺上的探险。这是私人的神圣内心世界，在这一点上不适合与任何人进行分享。

汉娜沙盘 11

汉娜沙盘 11a

汉娜沙盘 11b

汉娜的故事

沙盘 11

伟大的迷宫比赛

放学了，两个男孩走在回家的路上，突然他们看见了一个迷宫，一个非常奇怪的迷宫。他们决定比赛看看谁能够找到迷宫中间有魔力的蛋。获胜者将成为破解迷宫的专家。

然后他们开始了比赛，拉利(Lalli)非常淘气，对他人并不友好，他总是迷路，经常走到死胡同。斯努德(Snudur)乐于助人，他找到了正确的道路，并且发现了会抓男孩的花朵。石头在移动，并千方百计地误导他们。羽毛以不可思议的速度旋转着。每当男孩看着它们的时候都会糊涂。大树合力刮起了大风。突然，拉利被困在了花中，他尽力呼喊向斯努德求助。斯努德不知道是应该帮助拉利还是该继续尽力找到魔蛋。最后他决定先帮助拉利，然后再找魔蛋。

他们继续走，突然看见了一些软木盘在来回转动。斯努德决定跳过它们。拉利也试着跳过去。他们成功跳过去，看见了许多羽毛。这时他们在找的魔蛋出现了。他们互相推挤，因为他们两个都想得到魔蛋。后来斯努德说：“要不我们两个都去摸魔蛋吧，那样不是更好吗，因为我们两个离它都很近？”就这样他们跳过去摸魔蛋。当他们走出迷宫时，许多人在那里为他们鼓掌。他们都成了走迷宫的能手。从此以后，斯努德和拉利成了最好的朋友，并且发现了迷宫里的魔法。

讨论

汉娜沙盘 11

在沙盘 11 中，两个男学生走在放学回家的路上，进到一个迷宫里冒险。这两个男孩个性不同。一个男孩叫拉利，是一个不友好的恃强凌弱的人，我们在沙盘 3 中看到他取笑一个毫无防御能力的小孩。另一个是被汉娜叫作“斯努德”的男孩。这个沙具人物是史库金(Skufkin)，芬兰儿童故事《姆明一家》里面的人物。史库金是一个哲学流浪汉，对于遇到的每一个新人和每一件新事物都很好奇，并且还颇有热心肠。在汉娜的故事中，斯努德聪明，乐于助人，并且说他和拉利都能在迷宫里找到自己的出路。通过这两个截然不同的男孩共同去探索迷宫，在象征意义上，汉娜正在调和她阿尼姆斯的不同方面。

同沙盘 3 中所讨论的一样，荣格理论中的一个关键概念就是自性化过程，是个体人格发展的目标。这一过程要求个体区分涌现出来的不同原型内容，通过区分将其从潜意识中分离出来。此外，个体必须通过象征化过程重新整合个体与原型体验。当原型积极和消极的特征都浮现于意识时，原型的内容是整合的。这会进一步促进自我—自性之间的协调统一，也就是在意识水平与自性和谐一致。在分化与整合的步骤之间，有一个中间的过渡阶段，也就是心灵转化阶段。在这一阶段的过程中，个体处在意识与潜意识之间的临界状态（Turner，1990）。在汉娜沙盘的第 11 盘中，主人公们在迷宫中找到了自我。他们所经历的挑战是一种开始新的生存方式的仪式。在临界状态下，任何事情都有可能发生，在这里男孩们与移动的石头、抓人的花朵、旋转的羽毛和滚动的软木盘做斗争。这些重复的测试让我们想起了沙盘 8 中的谜题。在这个沙盘中，测试是在迷宫里，一个你看不到前方有什么的空间。

在迷宫中人必须要找到中心，然后再找到出路。只有有资格和具备必要知识和能力的人才能够找到中心。那些没有知识而冒险的人就会迷路。迷宫中心有一枚魔蛋，这象征着完整，意味着自性的无限可能。

在这次通往中心又回归外部世界的象征性之旅中，汉娜在自己的自性化过程中迈出了自信的一步。她确信两个男孩都能够找到出路，从而成功地将自己阿尼姆斯中相互对立的品质进行了整合。从迷宫中涌现出来的，是一个健康全面的阿尼姆斯，转化发生了。两个男孩"……成了最好的朋友，并且发现了迷宫中的魔法"。

汉娜直觉性的理解与自己内心不可预知、非逻辑性的部分进行了必要的联结，这是为了整合和调解自己人格中的对立面。

在荣格看来，自性化过程并不是消除内心的冲突。它反而让个体更多地意识到冲突的存在，同时自性化过程也促进人格的进一步发展。荣格认为自我和心灵其他部分之间的最佳关系就是两者间持续性的对话（Salman，1997）。这是一个永不停息的过程，而这种对话的本质就是发展和改变。

我们对汉娜可以发展成为一个成熟、健康的个体的期望，真的会得以实现。

汉娜沙盘 12

汉娜沙盘 **12a**

汉娜沙盘 **12b**

汉娜沙盘 12c

汉娜的故事

沙盘 12

有趣的经历

这是一个小村庄，有一个男人在菜园中种植蔬菜。村庄里的人们都希望蔬菜长大，这样他们好买。蔬菜开始长啊长。报纸都来报道这件事，因为这是唯一种植蔬菜的村庄。

一天，蔬菜长大了一点。一个小孩看了看它们并摸了摸它们。回家了以后他生了病，全身都是荨麻疹。人们问男孩都做了什么事，男孩说他摸了菜园里的蔬菜。

几周之后，所有的小孩都得了荨麻疹。人们开始抱怨并让菜农将所有的蔬菜都毁掉。菜农说他不能那样做。过了一个月，有三个南瓜长大了，南瓜非常大，而其他的蔬菜却很小。南瓜看起来是有毒的还长了霉菌。现在又有一个成年人得了荨麻疹。人们和动物们都很害怕，大家四处逃窜。

接着，一名侦探带着他的狗逮捕了菜农。菜农说他们不应逮捕他，因为几天之后，将有重要的事情发生。人们同意了，如果一周之内没有令人感到惊奇的事情发生，菜农将被逮捕。

一周过去了，在四点钟的时候，人们准备去逮捕他。什么也没发生，什么也没变化。这一天还剩下最后一分钟了，突然有东西开始动起来，大家都在观察，到处都是照相机。接着南瓜上开了一个孔，突然从里面飞出了人们以前从未看见过的最漂亮的蝴蝶。

村里的医生说出现荨麻疹是因为孩子们得了水痘，而那个成人是因为从未得过水痘。看见这些蝴蝶，人们非常高兴，因为村里以前从未出现过如此大如此漂亮的蝴蝶。人们问菜农他是如何做到的。菜农说他将绿桶中的奶油擦在南瓜上，一开始南瓜很恶心，但它们发生了变化，从中飞出了美丽的蝴蝶。

蝴蝶每天到处飞。人们不再害怕这些事件了。菜农因为自己的工作和种植的蔬菜而出名了。

讨论

汉娜沙盘 12

与汉娜之前许多更讲究美感的沙盘不同，沙盘 12 看起来有些日常、普通。这是个简陋的村庄，零星地布置着几座石头房子，人们和动物走来走去。这是一个集市，或普通的生活场景。汉娜已经探索了自己潜意识的深处，在这里她又回到了意识层面，将她在潜意识中获得的发展带入到意识中。这也反映在汉娜的故事中："……四点钟……这一天还剩下最后一分钟。"在象征意义上，数字四是代表大地的数字，显示的是现实。时间到了，她的旅行也将结束了。现在汉娜所获得的新的内心力量变得意识化，并成为她日常生活的一部分。

菜园大门旁紧挨着花瓶的小绿桶，反映出汉娜对自己沙盘游戏作品的尊重。这只小水桶最先出现在沙盘 7 里，在沙盘的中央位置，汉娜用贝壳做了一个迷你沙盘，将水桶和耙子放在了迷你沙盘上。在沙盘 12 中，耙子插在伞架里，农夫用绿桶中的奶油将南瓜变成了飞出奇幻蝴蝶的载体。

上一盘中迷宫的石头变成了这里奇妙菜园的边界，在这儿发生了有趣的事情。在汉娜的故事中，村民们是很喜欢这个菜园的，并期待着可以买到许多好蔬菜。然而当一个小孩在接触了一种蔬菜生病后，人们转而抵制菜农，说他的蔬菜是有毒和危险的。菜农就是汉娜阿尼姆斯智慧的部分。这是她内心的一部分，她知道自己被家人和老师误解了。这是她人格的一面，现在如果再发生类似的误解，她可以分辨出这是一种误判。这是她的一部分，可以真实地评价自己内在美丽独特的天赋，尽管这天赋也许并不能帮助她很好地完成学校的作业。菜农也代表着在沙盘游戏历程中汉娜的积极转变，在这里她被人爱戴，并可以疗愈自己的伤痛。通过沙盘游戏，汉娜可以触及自己的内在，那些之前未发展的资源现在可以帮助她成为一个更整合的人。

有趣的是，村里人口众多，他们中的很多人都在之前的沙盘中出现过，尤其是在沙盘 2 和沙盘 5 中。沙盘 2 和沙盘 5 在汉娜的沙盘过程中尤其重要。在沙盘 2 中，我们记得有专业木匠(小矮人)，他们住在地下，并开发了循环利用的水利系统，将脏水变成纯净水。在沙盘 2 中，汉娜开始了她自我治愈和清理净化的过程。海豚助手保护着中央池塘的水岸，可以确保她进入自己的潜意识，并在潜意识中为她提供额外的帮助。沙盘 2 中汉娜认为是村长的小渔夫，在她最后一盘里以聪明菜农的角色又出现了。沙盘 2 中提到的关于汉娜所受到的抚育品质的问题，在那盘里看起来僵硬的机器人面包师和石头祖父母的沙具，在这里又出现了，现在他们摆脱了封闭房子的限制，在村子的广场上自由的走动。

在沙盘 5 中，汉娜经历了被父母遗弃、被误解和恐惧的感觉。这同沙盘 12 中的菜农很像，菜农知道那些外表丑陋的南瓜的真正价值，而其他人都很害怕这些南瓜，沙盘 5 中助人为乐的精灵能够看穿误解，并将事物都按照适当的顺序重新排列。在沙盘 12 中，汉娜在沙盘左下角开了一个小池塘。即使在日常生活中，她也将可以与自己的潜意识进行沟通。此外，漫步在村子里的三头奶牛反映了汉娜内心自我抚育的新形式，现在通过在沙盘中母性原型(奶牛)形象的呈现，她可以将这种自我滋养的能力带入每天的日常生活中。

尽管村民们都深信是南瓜导致了可怕的疾病，并威胁要将菜农抓起来，但菜农知道南瓜正在孕育着美丽的蝴蝶。他等待并关注着南瓜，直至蝴蝶该飞出来的时候。在象征意义上，蝴蝶代表着转化的过程。如同从低等的毛毛虫变成全新的会飞的美丽生物一样，心灵的转化过程也是如此。心灵的转化不可能从前一种形式直接变为新的心理功能，因为新的心理能力与之前的有质的不同。它并不是直接从之前的形式直接进化而来。相反，心灵会经历一个激烈的转化重组过程，从而产生全新的能力。我们已经通过汉娜在沙盘中的象征性表达来追踪她的心灵转化过程，并推测在神经系统上也发生了相似的改变，形成了新水平的神经整合，不论是从垂直方向上，从低功能脑区到高功能脑区，还是从水平方向上，连接左右脑的功能上。

除了刚才提到的重复出现的沙具以外，沙盘 12 中再次出现了士兵(小矮人)和小猴子。这些人物和主题在汉娜的最后一个沙盘中出现，好像是在说再见。这是汉娜这一阶段发展的最终谢幕，汉娜在沙盘游戏过程中解决的所有问题，都在出现精彩转化的菜园中重现。现在他们站在这里，见证了汉娜通过沙盘游戏象征化的过程，所获得的让其自豪的内在天赋和独特品质。他们钦佩这个出色的十岁小女孩在面对自己的痛苦和创伤时的勇气。

阿里：9 岁的四年级男孩

个案概述

阿里是一个感觉敏锐并富有创造力的男孩。对于他感兴趣的事情总是充满好奇并渴望了解更多。

然而，一年前父母的离异对他造成了破坏性的影响，导致他退缩至自己孤独的内心世界。在学校的成绩停滞不前，基本将自己封闭了起来。甚至他的身体发育也受到了影响。

当他参加沙盘游戏治疗后，情况开始有所改善。在研究的一年时间里，阿里在学校的表现更好了，也取得了一些好的成绩。在学年结束时，他的阅读速度略低于平均水平，但在阅读理解和拼写方面都高于平均水平。

韦氏儿童智力测验（WISC-Ⅲ）中阿里在操作分测验中的分数尤其出色（122/116）。前测时，操作分测验与言语分测验之间差 36 分，后测两者之间的差为 21 分。他在言语分测验中有了较大的改善，同时在加工速度维度上也取得了一些进步。

贝克抑郁症状量表（Beck Depression Inventory）中阿里自述是平均水平。但是他的测量分数在焦虑、抑郁、愤恨和烦乱维度中均低于平均值。过程中阿里还是会有社会性退缩的行为表现。根据老师和他母亲的评估，阿里有一些过动症（ADHD）的症状表现，学年结束时，老师报告这些症状已经明显减少，母亲报告说症状减弱。阿肯巴克行为量表（Achenbach Scale）中，母亲和老师均报告，注意力集中困难明显减少（−10）。

阿里渴望来制作沙盘。他总是制作得很快并且很果断，很少调换已经放在沙箱里的沙具。在多次的沙盘作品中，他经常使用相同或相似的沙具，最常用的是恐龙和鳄鱼。一个高大强壮的男人沙具使用了八次，士兵使用了七次。值得注意的是，在他的所有沙盘作品中都是男性人物，从未出现过女性人物。阿里动沙的动作并不多，只用了三次水来固定沙的形状。

在阿里的沙盘作品中，男性与动物之间的冲突很多。而他通常能很快讲述出沙盘中的故事。所有的故事都是以男性，通常是士兵的胜利作为结尾，并且他们会在与动物的战斗中收获宝藏。

阿里沙盘 1

阿里沙盘 1

阿里的故事

沙盘 1

战争

这里正在发生着一场战争。恐龙与人类在战斗。

一名士兵驾驶着飞机，在两个岛之间的桥上降落。恐龙出现了，想要攻击他，他将自己藏身在没有恐龙的那个岛屿上。然后打电话给自己的朋友，他的朋友们都来了。

海盗和一名魔术师乘船来到了这里。魔术师在岛上寻找三本魔法书。他找到了一本书，在头骨上点燃了火焰来检验这是否是一本魔法书。结果发现它正是三本魔法书之一。

从飞机上掉下来一个棕色的瓶子，里面装着魔幻粉末。魔术师和一个拿着耙子的男人努力想得到它，但是他们没有成功。与此同时，恐龙的帮手——吸血鬼出现了。

一名士兵发现了一些财宝，一些怪物和一尊金质的塑像，这塑像是属于吸血鬼的。吸血鬼住在一个大贝壳里。这名士兵开始射击恐龙。战争爆发了。指挥官到达了岛上。他打开了金质的箱子，里面有很多金子。吸血鬼想抓住指挥官，但被乘飞机而来的指挥官击毙了。一名士兵向恐龙投掷炸弹。恐龙竭力回击他，他爬上了塑像（佛像）。翼手龙想吃掉他，但被士兵击毙了。

海盗们想开动他们的船到荒漠岛上去，但是来了一只鳄鱼，并弄沉了他们的船。他们只能游向荒漠岛。海盗们想射杀鳄鱼，但是一只蝎子出现了并想蛰咬他们。后来一名士兵击毙了蝎子。

　　一只巨大的金蛋落到了头骨上。士兵们尽力渡桥希望能到达荒漠岛，但他们没有成功。爬到塑像上的那名士兵将魔幻粉末扔向了对面的岛屿。魔术师发现，当他将魔幻粉末洒向恐龙时，恐龙都死掉了，所有的士兵都来到了荒漠岛上并收集起了金子。

讨论

阿里沙盘 1

　　在阿里的初始沙盘中，他将沙盘一分为二。一边是士兵，另一边是各种各样的危险势力，双方进行了激烈的战斗。在我们的经验中，父母离异的孩子的沙盘作品经常是割裂的或像阿里这样是分隔的。对孩子来说父母并不是彼此独立的两个个体，在孩子的心理上，父母的作用是作为一个统一的整体，来保护和照顾他们的。父母离异分开时，孩子的内心被迫将本质上是一个原型的集合，分成两个单独的不同的角色。

　　阿里放在沙箱中的第一个沙具是连接两边岛屿的桥。故事里一架飞机出现了并降落在桥上，正好就在交战双方的中间。就像他在现实生活中，面对母亲和父亲时，夹在忠诚和失望之间左右为难，所以内心的冲突将他置于心里激烈斗争的核心位置。

　　故事中的敌人是由一系列远古生物组成的：恐龙、爬行动物、昆虫和一只吸血鬼。恐龙是现在已经灭绝的巨型动物。由于恐龙是非常古老的生物，所以恐龙的出现表明阿里在沙盘中表达的是在他心理结构中根深蒂固的内容，并且可能有一段悠长的家族史。爬行动物和昆虫是较低等的生命形式，它们将阿里的心理威胁感以原始自然的方式象征性地表达出来。而吸血鬼会对生命构成巨大的威胁，他们会在漆黑的夜里咬破人类的脖子吸食鲜血。在故事里，当士兵开始向恐龙开火，一场恶战爆发了。在阿里的世界里所有的事情都被撼动了。在他的初始沙盘中，阿里直接潜入他内心的迷茫和高度的内在混乱、恐惧感之中，而这直接影响了他心灵的稳定感。

　　阿里的故事告诉我们，战士们面对着许多的敌人，但是最终他们还是取得了胜利。在这里他们有许多可以使用的资源：财宝、魔术师、魔法书、猫头鹰和其他的鸟类、红色汽车、天然气卡车、美丽的蛋、佛像和马蹄铁。在阿里的故事里，当战士需要帮助的时候，他打电话给自己的朋友，朋友们马上就会到

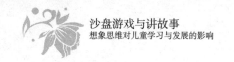

来。非常有趣的是，大多数的资源或宝藏都是在沙盘的右半部分，都是在敌人的那边。这里重复了一个我们在许多儿童故事中看过的主题，宝藏被偷走，或者被操控在错误的人手中而最终一定要物归原主。

即使拥有这些心理力量，这场争斗依然很艰巨。敌人的攻击不断出现。必须不断与敌人作战。有许多的危险，要付出巨大的努力。即使开着他的汽车，通往宝藏的道路也充满艰险。由于家庭结构的分裂，阿里需要调动所有的能量来面对内心的挣扎，然而在沙盘中我们可以看到他昂首向前，表达这种挣扎，并带着决心和坚韧直面这痛苦。

在阿里面对的许多争斗中，他的愤怒是显而易见的。而沙盘游戏的奇妙之处就在于它可以让这个非常内向的男孩以一种无害的方式即刻表达出自己的愤怒。在他接下来的系列沙盘制作中，我们期待看到他面对的冲突数量会清晰并减少，我们期待看到他恢复内心的平静，我们期待看到他被冲突所破坏的功能性受损的心灵能够重新整合。

阿里沙盘 2

阿里沙盘 2

阿里的故事
沙盘 2

金子与书

战士们在努力从恐龙那里夺到金子。怪物的头领正站在灯塔上，嘴里还叼着一名战士。

除了在佛像边的棕色战士，所有的战士都被杀死了。他们没有看到咬死他们的蜥蜴和鳄鱼。恐龙和其他动物也都死了。只有怪物头领和那名棕色战士还活着。

战士攻打怪物，怪物从灯塔上掉了下来，掉进了海里。它想找在海里的动物帮它一起攻击战士。战士也向它射击。怪物找到了一只鳄鱼，鳄鱼正打算挖穿沙子吃掉战士。战士看到了鳄鱼并击毙了它。随后战士开始向怪物开火，但怪物没有死。战士向它投掷炸弹，也没有成功。后来怪物拿到炸弹并扔向战士，但没有伤到他，因为他藏到了佛像的背后。接着，战士继续向怪物射击，并击毙了它。

讨论
阿里沙盘 2

沙盘 2 延续了初始沙盘中的战争，但争斗的双方减少到一名战士与一个怪物敌人。所有的人都死了，只剩下这一对。这是一个到处充斥着被战争破坏和践踏的沙场。不过，在初始沙盘中一分为二的两边，开始围绕着中心的灯塔变得更统一，场景中绿树的出现表明了成长和潜能。

在羊头骨上的房子，并不是坐落在一个坚实的根基上，而是在一个永久死去的东西上。阿里外在世界中的家庭和他内在的心灵家园一样都失去了根基，并且永远不会和从前一样了。与此相对的，在沙盘的对角上，坐落着另一个倾斜的房子，第二个羊头骨，房子里有一只死去的海马。紧挨着头骨的是一个老式的石头房子。阿里说这两个房子都很古老。在沙盘中央区域还有另外两只被杀死的海马。在自然界中，雄性海马承担着孕育下一代的责任（Indiviglio, 2001）。基于它们在自然界中的角色，海马象征性地代表着充满爱和保护的父亲。阿里失去了他的父亲。通过这个象征，阿里在这里开始哀悼他失去的父亲和原本稳定的家庭。

在另一组对角上，左下角有一个佛像，藏宝箱和书在右上角。所有这些沙具上都有恐龙站在它们的顶上。看起来，他的心理已经被这些家庭问题严重影响。对角线交叉的中心点是个高大的灯塔，也许意味着通过显现出自己的能量治愈将会开始，或者意味着更好地理解在破碎的家庭中他所遭受的丧失。有趣的是，灯塔在沙盘的中央水域出现，这表明新的视角会在他的心灵深处浮现。

有着巨大眼睛的坐在灯塔上的怪物，对这场残杀一览无遗。尽管故事中说怪物是敌人，我们想知道阿里是否正不自觉地带着深深的伤害、困惑、内化的愤怒而像一个"怪物"。

阿里沙盘 3

阿里沙盘 **3a**

阿里沙盘 **3b**

阿里的故事
沙盘 3

宝藏

　　一个男人在寻找金子，他打算在书中记录下他看到和找到的金子。他看到有青蛙围着一朵蘑菇。在蘑菇顶上有一支箭。他把箭带在身上，并在书中写道他看见了一个金质的佛像。

　　然后他看见了一条通往佛像的桥，他向那里前进。他看到有几只鸟围着一颗蛋。他想用钢笔打开那颗蛋。蛋被砸开，里面有金子！附近有一本书，上面写着怪物拥有所有的金子。

接着男人继续向佛像走去。怪物从佛像的嘴里钻出来，男人跑到了另一个岛上。那里有大量的白银和金子。也有一本书。男人看了书，书上说怪物拥有这金子和白银。他带上了书和所有的白银。随后他看到了另一个岛。那里有一艘船，几只狗围着一个藏宝箱。他到了岛上，打开藏宝箱。一只狗咬了他，他用笔回击了狗并打开藏宝箱。里面是满满的黄金。最后他带着所有的金子开船回家了。

讨论

阿里沙盘 3

这个沙盘的结构与前一个沙盘相类似，在中央水域有一个沙具，四个角都有很多故事发生。但是氛围和内容却有很大不同。这个沙盘里有更多快乐、更多希望。

佛像站在中央水域，被四个角落的小岛围绕着。每个岛上都一本红色的书。左上角是一片美丽青葱的风景，满是白银。右上角有三只狗可能表明他天性中的一些发展。狗挡在一个小藏宝箱前面，保护着满是珍宝的藏宝箱。左下角是一个富有潜能的角落，有许多的鸟和一颗漂亮的景泰蓝工艺的蛋，这颗蛋是阿里放在沙盘里的第一个沙具。

有趣的是，左下角岛屿连接佛像的桥是一个豆荚壳。与蛋的寓意一样，豆荚壳也意味着潜能和未来成长的可能性。右下角有一些青蛙，它们代表着转化的力量。青蛙围绕着一朵蘑菇，蘑菇上有一支有魔力的箭。从它们在自然界中的形态，我们知道鸟、青蛙和蛋都蕴含着潜在成长和转化的能量。鸟从蛋中孵化出来，青蛙的生长则经历了许多变化的阶段，从卵到蝌蚪再到最终成熟的青蛙。

故事中的主人公是一个善于思考的人，他仔细观察事物并在自己的书中做好记录。也许这是阿里的一部分心理，他已经开始以新的方式来看待自己内心的冲突。在其他三本红书中，男人了解到怪物拥有所有的财宝。在阿里的第三个沙盘中，很引人注意的是对书籍的高度重视。阿里渴望学习但是他有阅读困难，很难清楚地理解书中的要点。另外，故事中男主角有一支钢笔，这也是一个有力的工具。他用笔砸开鸟蛋发现了宝藏，也用笔控制住攻击他的狗，他还用笔记录下他的见闻。在阿里之前的沙盘作品中，他与许多的敌人作战。在这里，他开始整理好自己的内在资源并通过中央位置的佛像表现出来。

在这次的沙盘中，阿里使用了更柔和、更女性化和圆形的形状。左上角岛上的财宝铺成了半圆形的模式；左下角的鸟和蛋也是这样的形状；右下角的青

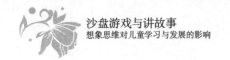
蛙围成了一个圆圈，将同是圆顶状的蘑菇围在中间。阿里放进来的最后一个沙具是一个漂亮的大贝壳，他把它放在靠近中心的位置。曾经作为海洋生物的家，贝壳来自深海，同样也隐含着潜意识中的女性能量。在荣格心理学中潜意识的特点是阴性的，而自然界中的天空是阳性的(Jung，1980)。

怪物从佛像，一个神圣的形象的嘴中跑出来。这象征着，怪物并不是敌对力量，而其实是他自性中非常重要的一部分。也许阿里发现了那个点燃自己愤怒引起自己退缩的内在"怪物"。阿里的故事里告诉我们怪物拥有所有的金子。很值得注意的是，当怪物出现时它不再构成威胁，男人最后把全部财宝都带回了家。在这里阿里认识到怪物不仅是内心世界的一部分，也充满了能量。这意味着他能够认识到自我的这一阴影面，并能够获得自己的内在资源。

阿里沙盘 4

阿里沙盘 4a

阿里沙盘 4b

阿里的故事

沙盘 4

黄金

从前有一个男人在一个小岛上，岛上有大量的黄金。他想找黄金，但是熊出现了并杀死了他。后来熊离开了。维京海盗来了，他们将男人葬在一个大箱子里，并杀死了大熊。他们还发现了大量的黄金。

后来他们发现了正要攻击他们的怪物和巨型蚂蚁。巨型蚂蚁正在过桥。戴着金头盔的维京海盗向蚂蚁刺了一剑，但没有杀死它。后来他用头盔刺中了一只蚂蚁，又用一根骨头刺中了另一只，两只蚂蚁都死了。

海盗们来到了有一颗蛋的鸟巢。一只巨大的雏鸟出现了并吃掉了没有带金头盔的海盗。戴头盔的海盗用自己的头盔杀死了雏鸟。他带着所有的黄金，关上了葬男人的大箱子，回家去了。

讨论

阿里沙盘 4

在沙盘 3 中已经有些阴影的整合，在这里阿里开始了转化的过程。在沙盘的左下角，佛像挨着盛放死去男人尸体的棺材。这是个墓地，散落着骨头和宝石。一些事情已经逝去，正在被埋葬。也许在这里这个小男孩可以接纳他内心理想化的父亲原型并让现实中的父亲离开。非常感人的是，阿里仪式性地在男人心口的位置放了一颗珠宝。这是个充满爱的动作，他充满爱意和善良地对父亲放手，这里也显现出阿里超越了他年龄的大智慧。

从墓地跨过水路，有一个圣坛，阿里在圣坛上放了一枚漂亮的绿色蛋。6 只绿色青蛙在圣坛基座周围守护着。正如我们在前一个沙盘中讨论过的，青蛙和蛋都是转化和新生的象征。这种转化也反映在醒目的绿色的出现，绿色象征着孕育生命、更新和生长(De Vries，1984)。另外，在圣坛右方的小池塘里也有一条绿色的小鱼。我们前面提到过鱼通常是与内心相连的。也许这条绿色的鱼承载着阿里自性深处涌现出来的新品质。有趣的是，在心理准备好迎接新生的同时那个男人被埋葬了。这是我们曾经在汉娜的沙盘中看到过的自性化的过程。心理会放弃那些不再需要的内容——与自性的中心原型不匹配的心理内容。这样做可以让心理获得与核心人格更接近、更匹配的新品质，从而引起心灵内部的成长与发展。

在墓地与圣坛之间有五座小桥。也许这部分冲突的解决将与数字五有关。我们在汉娜的初始沙盘中讨论过，数字五象征着人类，完整的人类，包括两条

97

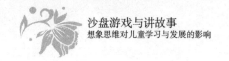

胳膊，两条腿和一个头，就像一个五角星，数字五象征着孕育一个功能健全的人类的可能性(Eastwood, 2002；Weinrib, 2004)。

圣坛右边是猫头鹰一家三口和一只很小的小鸭子，似乎在注视着转化的发生。在沙盘的右下方有第二组家庭，一只母熊和她的两只熊宝宝。故事中，大熊杀了男人，而后也被人杀死，而母熊本能的强烈保护欲让她带领着小熊们远离死去的男人，这一情景是引人注目的。也许阿里的内心能够明白他和母亲在一起的处境，以及他母亲为了给他安全感所做出的牺牲。奇怪的是，熊行进的方向是冲着拿着黄油球的小克利须那(印度教崇拜的三大神之一，毗湿奴的第八个化身)。这个小沙具描绘的是毗湿奴(印度教主神之一，守护神)化身为印度教徒顽皮淘气的一面，他趁妈妈不注意钻进奶油搅拌器里，尽情享用奶油黄油(Reyna, 1993)。也许阿里希望有一些幽默有趣的恶作剧，而他也开始解决了一些内心的冲突。

所有这些都是在沙盘中建造出来的，阿里的故事里重复提到了"刺"杀对手，比如，维京海盗用他华丽带角的金头盔刺死了蚂蚁。阿里开始尝试性地在沙盘中表达自己的愤怒。与此同时，他的姿势动作明显男性化。这显示出阿里的治愈和转化给了他新的男性力量。他找到了自己的力量。阿里的故事里他关上了埋葬男人的箱子，并带上所有的金子回了家，表明他恢复了内心的秩序感并重整了内在资源。

阿里沙盘 5

阿里沙盘 5a

阿里沙盘 5b

阿里的故事
沙盘 5

大恐龙

从前有一个男人要去西班牙。飞机载着很多士兵坠落在埃及。恐龙来了，吃掉了一些人。战士们握着枪。很多恐龙过了桥。恐龙与士兵们打在了一起。

然后来了一个印度人，他用刀攻击战士们。他骑在一只恐龙身上，砍死了一个人。一位武士来了，杀死了这个印度人（蓝色人偶）。战士们给了这位武士（黄色人偶）一些枪支、装备和炸弹。随后，指挥官带着降落伞从天而降。

突然一个巨大的棍棒打到了最优秀的战士身上。这个棍棒是一个定时炸弹，时钟显示还有 3 小时零 39 秒就要爆炸。另一名战士来了。他是岛上没有被吃掉幸存下来的人。（在这里阿里停了下来，讲了一些关于鱼吃死尸的事）。2 小时零 50 秒过去了，一个金藏宝箱砸到了领头恐龙的尾巴上。

战士们用炸弹杀死了所有的恐龙，并去查看是否还有活着的。有一只恐龙还活着并吃掉了一名战士。其他人杀死了这只恐龙并带上了所有的黄金。他们做了一架飞机并离开了小岛。有一只恐龙很好，所以战士们没有杀掉它，并把它也一起带走了。

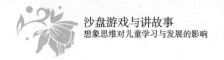

讨论

阿里沙盘 5

在沙盘 4 中出现的愤怒和敌意的表达在这里又出现了，以残忍的方式爆发出来。阿里把沙具架上能找到的所有士兵人都放入沙盘里，放到了与恐龙作战的战场中。

沙盘中很多沙具是"从天而降"的：由于飞机失事，战士们坠落到埃及；他们的指挥官用降落伞到达；巨大的棍棒看起来是从九霄云外落下来的。战士们战胜了恐龙以后，秩序得到了恢复。精巧的是，他们制作了一架飞机，并带着一只好恐龙和所有的财宝离开了。来自天空的事物有着有趣的象征意义。在美国本土传统文化中上天被看作规则的守护者 (Cajete，1999)。阿里故事中战士们的任务是消灭残忍、原始的势力并且为获得藏宝箱扫清道路。他们从天而降，重整已经失控的秩序。

沙盘中发生的故事里时间也是很重要的一条线索。一个巨大的木棒被看作一个启动的定时炸弹。第一次提到它时，还有 3 小时零 39 秒就会爆炸。还剩下 46 分钟时，藏宝箱打在了恐龙首领的尾巴上结束了这场战争。也许这个定时炸弹象征着是时候让阿里表达他压抑的愤怒了，并且为了释放他的自性而采取行动——将藏宝箱从象征着原始原型力量的恐龙那里夺回来。我们还记得阿里在刚开始沙盘制作的时候是很退缩的，被描述成"封闭的"状态。通过沙盘制作过程中象征性的游戏，阿里已经能够以一种安全的方式去感受自己的愤怒。他体会并表达着这些情感，而这些情绪之前是那么强烈以至于让他抽离于生活之外。通过以上心理资源的干预，他重整了被严重打乱的心理秩序，他的生命能量也再次开始流动起来。

阿里沙盘 6

阿里沙盘 6a

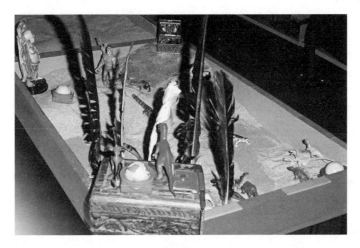

阿里沙盘 6b

阿里的故事
沙盘 6

小地球仪

从前有一个打算去非洲旅行的人。他开车到机场的时候，到了一家旅馆，旅馆周围有大量的动物。他还看到了一个小地球仪，并转动了它。接着他得到了一些金子，藏宝箱打开了一点点。

在他想转动第二个地球仪的时候，一个带枪的男人出现了并想射杀他。男人说："快看那鸟！"带枪的男人看向天空。这时男人夺过了枪并干掉了对方。他转动了第二个地球仪。恐龙来了，藏宝箱又打开了一些。他射杀了 5 只恐龙，还剩下了一些子弹。

后来水面上出现了道路，他走了过去，那里有两只大恐龙。他把枪扔到了岛上，恐龙追随着他。

男人边跑边转动了第三个地球仪，这次藏宝箱彻底打开了。他在留言本上签了名字，带着所有的金子返回。在回家的路上，他看到鸟巢里有一只鸟。他从鸟巢里把鸟抓了出来，看到里面有两颗金珠。他拿走了金珠，并把鸟蛋放了进去。

讨论
阿里沙盘 6

这个沙盘的焦点集中在一个男主角身上。他打算乘飞机去非洲旅行，在机

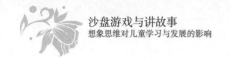

场附近他与恐龙搏斗，智斗持枪人。阿里在这里使用了在沙盘4中埋葬的那个强壮的男人。在这个沙盘中，这个男人是一个胜利者，他转动了三个小地球仪，穿过了黑色羽毛，在留言本上签名并将所有的财宝带回了家。这个男人有行动力、有勇气，他控制了整个场面。看起来，阿里对男性特质的观念有了重大发展。

三个相同的小地球仪起到了重要的作用。通过旋转地球仪，藏宝箱会渐渐打开，最终男人获得了所有财宝。与三个小地球仪相关联的三个事件让我们想到了传统童话故事中常说到的采取行动一般都是三步骤。三步骤之后还有一个额外的步骤——揭示解决方案(von Franz, 1986; Unnsteinsdottir, 2002)。在阿里的故事里，第四步就是男人用蛋替换了鸟巢里的珍珠。这些与数字三和数字四在神话故事中的代表意义相一致。数字三代表着积极创造，比如，出生、活着、死去或者过去、现在和未来；数字四代表着稳定，比如，四季的轮回和世界的四个方向(Eastwood, 2002)。

小地球仪具有球体的象征意义，代表着完整整合，中心，有力量和独立(De Vries, 1984)。转动小地球仪的动作类似于藏传佛佛教教徒转动转经筒的动作。转经筒有手持的，也有固定在寺庙内的，表面和内里都会写上祷告的经文。藏传佛佛教认为，当旋转转经筒的时候，祷告的经文会被发送到宇宙中去。转经筒可以积累智慧和善缘，净化消极的事物和恶缘(Sherab & Tse-wang, 2010)。为了反映这一东方文化主题，阿里在沙盘右上角放了一个显眼的佛像。通过转动小地球仪，故事中的主人公逐渐接近了宝藏，阿里在故事中不断重复地旋转似乎象征着一个净化的仪式，让他变得更整合、独立。

在沙盘左上角，阿里用五根特别的黑色羽毛形成了一道屏风，来保护藏宝箱。这五根羽毛让我联想到沙盘4中用于连接死去男人和圣坛之间的五座桥。我们还记得对数字五的象征意义的讨论，它象征着人类，完整的人。五根羽毛、三个小地球仪和财宝，周围围绕着色彩斑斓的石头和蛋，表明阿里目前在将之前分离混乱的心理力量重新整合起来。作为整合过程的一部分，阿里通过在沙盘中散乱地摆放恐龙这样的远古生物来释放自己的攻击性和愤怒感。阿里在男主角身后摆放了一个自由女神像和三只彩色的青蛙来反映新的自由释放。自由女神像支撑着他的自主性，三只青蛙代表着转化的能量，这能量让新的心理品质上升到意识层面。

阿里沙盘 7

阿里沙盘 **7a**

阿里沙盘 **7b**

阿里的故事

沙盘 7

恐龙岛

　　从前，有一个男人有两把剑，他打算乘船去一个小岛。船撞到了石头上，所有的人都落水了。他昏了过去，当他醒过来的时候发现他们在一个无名小岛上。他们看见岛上有两个维京海盗和许多士兵，这个男人认识所

103

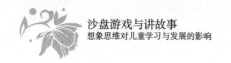
有的士兵。他还看到了一些恐龙，并向它们发起了进攻。一只大恐龙出现了并杀死了他。

一个站在骆驼背上的男人出现了。他正准备进攻但停了下来，因为他看到在椅子上的指挥官将有毒药的瓶子扔向了怪物（恐龙）。指挥官看见来了更多的恐龙，有三名战士牺牲了。

恐龙中的首领来了，它还带着自己的小儿子和另外两只恐龙。它们准备进攻。在骆驼上的男人向小恐龙扔了一个篮子。恐龙发动了进攻，维京海盗赶来，并杀死了一只恐龙。而后在椅子中的指挥官向恐龙们扔了一颗炸弹，所有的恐龙都死了。

幸存的7个人带着自由女神像和蛋，乘着他们自己组装的飞机回家了。

讨论

阿里沙盘7

在阿里的这个沙盘中似乎有一点退行，又回到了复杂的冲突和死死亡场景。他的故事甚至告诉我们第一主人公被杀死了。这里有极强的攻击性和大量的残杀。这是我们第一次在阿里的故事中看到对人类造成如此大的伤害。尽管有7个人活了下来并带着财宝离开了这里，但付出了巨大的代价。治疗师猜测在阿里家里发生了一些艰难和痛苦的事情，但并不清楚具体事件。她发现阿里与之前几次治疗相比表现得更退缩，看起来似乎又退缩到他自己的个人世界。

看到这种退行是让人心痛的，尤其是在他已经取得了一定进步以后。然而，我们不能孤立地看待这次沙盘，而是应该将它作为阿里整体沙盘游戏历程中的一部分。值得注意的是，在战斗场景旁边，他依然摆放上了鸟巢里美丽的蛋和自由女神像。另外在厮杀的场景中央，他也发现了新的心理资源来确立自己的自性。自由女神像是他最后放进沙盘中的玩具，紧接着动物头骨。阿里象征性地承认了他生命中的丧失，但在他的内心还是有一个试金石。他通过使用在沙盘4中作为主角的，在沙盘左侧的一对维京海盗来平衡这些资源。

这个沙盘中阿里选择的士兵玩具都非常小。在之前的沙盘中他都使用更大一些的。战士的大小缩小，没有英雄人物出现。战士和恐龙的数量一样多。阿里对愤怒的表达比过去更加开放和明显。看起来阿里在沙盘4和沙盘6中整合了部分心理资源后，可以更直接地表达自己的愤怒（沙盘5和沙盘7）。他的心理更加坚韧，他也更加能够接受自己的失望和愤怒情绪。但就像他故事中的士兵一样，他想做一架飞机然后离开让他痛苦的家庭生活。

阿里沙盘 8

阿里沙盘 8a

阿里沙盘 8b

阿里的故事

沙盘 8

四把钥匙

　　从前有一个男人，他有一家贩卖动物的商店。一天他来到店里，发现所有的动物都逃跑了，它们还带走了他的金子。他寻着足迹发现动物们逃往了没有人敢去的沙漠地区。当他到达了沙漠，发现了自己的金子还有其

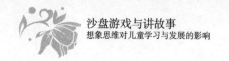
他更多的宝藏。他还找到了自己的动物和其他坏的动物（昆虫、怪兽和鳄鱼）。

在一块石头上他发现了一把双刃剑。他拿起了剑，这时坏动物们正准备攻击他，他看到了一只绿色的怪物，这是它们的首领。他还看到了自己的狗，狗跑向他攻击他，因为它被怪物催眠了。男人把狗打昏过去。怪兽命令其他动物继续攻击。男人发现了一只红色恐龙，它很友善地帮助了他。

一个陌生人（盒子里的一尊京剧脸谱）出现了。他带来了一只蜘蛛、一只鸟类的爪和一只蝎子，它们准备攻击男人。但后来红色恐龙跳到了黄蜂身上吃掉了它，给了男人一把钥匙。

就在那时，一只青蛙从一群青蛙里掉了出来，红恐龙得到了另一把钥匙。男人和恐龙跑向财宝箱，财宝箱上有几只老鼠，他们把两把钥匙放到箱子里。鳄鱼带着另一把钥匙来了，恐龙跑过去吃掉了它们，把第三把钥匙放到了财宝箱里。

后来所有的坏动物都跑向最后一把钥匙，它就在蜘蛛的旁边，所有的好动物（蛇、青蛙和狗）都来了与坏动物打在一起。男人抓住了钥匙，打开了宝藏箱，他发现了大量的金子。他带着所有的金子和自己的动物回家了。

讨论

阿里沙盘 8

在这个沙盘中，阿里暂时离开了战场场景，来到了一个更文明的世界，这里有一所商店。尽管店主必须走进沙漠夺回自己被偷的财宝，这个沙盘场景还是比上一个以及以往的沙盘都更加开化、文明。当我们在一个沙盘系列治疗过程中看到场景从远古、黑暗的地方转换到日常生活的场面，这通常暗示着深藏在潜意识中的新心理品质正在融入意识层面。尽管威胁，如鳄鱼和黄蜂，依然存在，但这个沙盘比阿里之前的许多沙盘有条理多了。阿里的故事告诉我们主人公有一家商店，这与之前与远古生物交战的沙盘相比，明显有更多意识水平的内容。另外，这个沙盘中还加入了一些非威胁性，有时候还会有帮助的生物。店主有一只黑白花的小狗，尽管它被短暂催眠做了坏事，但它最后帮助主人找回了丢失的金子。小狗被催眠这个情节很有趣。也许阿里开始"觉醒"过来，去面对他外在世界的现实，并获得新的品质，让他保持自己正直的人品和继续在家庭痛苦事件中持续地成长。

一只棕色的大蜗牛坐在一只小蜗牛旁边，它们栖息在黑色石头顶上，这是继续转化的象征。这就是朵拉·卡尔夫(2003)指出的母子一体性，卡尔夫观察发现新心理品质在刚刚开始发展的时候，沙盘中经常会出现成对的母子。这个即将开始的发展也反映在绿色的青蛙(象征着转化的能量)，和在主人公面前从蛋中孵化出来的小海龟中。蜗牛和海龟都是背着"家"移动的生物。它们走到哪里"家"就到哪里，这象征着意识层面的人格和潜意识中的自性之间重要的合作关系(De Vries，1984)。

持续的成长和发展也表现在阿里放到基座左边的心形装种子的小盒子上。种子被安全地放在"心"里，这样的画面是富有力量且非常动人的，它象征着阿里在以一种充满爱和富有同情心的方式继续成长着。制作系列沙盘作品已经让这个年轻的小男孩获得了同情心和智慧的心理品质，随着他的成长，这也将继续发展。财宝箱上的四只小老鼠，预示着阿里拥有了冲破困境的能力，打破眼下在家庭关系中无助的状态。在自然界中，老鼠可以突破最艰难的阻碍。它们几乎可以咀嚼一切，可以挤过极小的洞口。老鼠具有一种象征意义，就是在最困难的环境中寻找到突破口的坚决和穿透的力量(Waldau，2006)。

在这一盘中非常有趣的是通常出现在敌对队伍里的红色恐龙在这里成了一个帮手。这预示着一些阴影的内容在进一步整合。曾被视为是一种威胁的力量现在成了服务自性的资源。

沙盘右上角锦缎盒里的京剧脸谱被视作一个萨满巫师。他用一只蝎子、一只蜘蛛和一只水鸟的爪子来制作自己的药物。有趣的是，阿里告诉我们这个来自遥远地方的"陌生人"是要攻击男人的，但是这个计划没有完成。由于中国距阿里的家乡冰岛非常远并且也是一种未知的文化，这也许意味着他能够在远离自己意识水平的部分找到解药自愈，并获得新的心理品质。

在萨满巫师附近，阿里异常整齐地把四只鳄鱼排成一行。另外，在中心的湖里也放置了一只小鳄鱼。在自然界中鳄鱼是非常危险的。神话中有大量关于这种生物神秘力量的故事。在早期埃塞俄比亚和希伯来的传说中，鳄鱼是一种邪恶的生灵，它们生活在地下或水下，无恶不作(Langton，1949)。从心理学的角度，这是人格阴影面黑暗、不易被发现的呈现。在荣格人格理论中，阴影是指已经被意识到的，但是自我不能接受的心理品质和心理问题。它们被压抑到潜意识水平，并不断抗争向意识水平浮现，以期回复到意识水平并被领悟(Jung，1981)。由于阴影是在意识水平以下波动的，所以被视为是非常危险而可怕的。作为离异家庭中最小的孩子，必然有一些阿里并不知晓的冲突。父母的离婚对他来说是一件可怕而神秘的事件。在巫师脚下排成行的鳄鱼显示着阿里的心理已经开始承认并解决这一家庭问题。有趣的是最小的鳄鱼并不在这一行里，而是独自在池塘中。阿里是三兄弟中年纪最小的。也许他在通过将自己与家庭剥离开来，从不同的视角来看待眼下的境况。也许正是由于心灵保持适当的距离来看待这件事情，让阿里了解了一些家庭故事中的阴暗面。在印度神话中，神圣的恒河据说是流淌在一只鳄鱼背上的，它承载着危险的死死亡也运送着充沛的生命(Darian，1978)。从这个角度来理解鳄鱼，我们可以看到也许只有阿里接受了他的许多丧失才能够接受家庭的阴影，如此也会让自己的生命更加丰富。

阿里沙盘 9

阿里沙盘 **9a**

阿里沙盘 **9b**

阿里的故事

沙盘 9

维京海盗

从前有一个人名叫拉里。有一天，他去逛动物园。一只黑豹攻击了他，并将动物园里的其他动物都放了出来。一只怪物出现了，它变身成了吸血鬼。随后群星飞落，其中一颗落在了男人的身旁。这时维京海盗出现了，他帮拉里站了起来。吸血鬼吃掉了拉里。海盗用自己的箭刺向了吸血鬼，吸血鬼吐出了金子和魔法书，同时还吐出了鳄鱼、大象、熊、犀牛、河马和拉里。拉里已经死了。海盗杀死了吸血鬼。鳄鱼们吃掉了动物园里所有的鱼。

一只带着啤酒的猪出现了，它用自己的啤酒攻击了除了维京海盗和好动物以外的其他所有生物。

金子从地下冒了出来，维京海盗拿走了所有的金子。海盗正要离开的时候被安保人员抓住了，因为他没有买票就进入了动物园。后来安保人员发现了拉里，并认为是海盗杀死了拉里。所以海盗被关进了监狱。监狱里有一个带着绳子的男人。他和海盗都想越狱。这时，来了一架直升机，男人逃走了。海盗到了船上，并向直升机发射炮弹，随后他乘船带着金子回家了。

讨论

阿里沙盘 9

阿里的故事发生了意想不到的变化，黑豹打开了笼子，释放了动物园里的所有动物。这看起来象征着本能的释放，而且在意料之中，一开始有点难以控制。这个沙盘中的动物要比之前沙盘中的恐龙和昆虫更加进化。这里有许多的哺乳动物，包括了熊、河马和大象。鳄鱼自顾自地吃起了动物园里的鱼。一只小猪抱着一瓶啤酒。也许这正是阿里的一部分——对家庭中的麻烦已然麻木。不过在他的故事中，小猪将啤酒作为武器去攻击那些坏动物。在某种程度上，阿里已经更接纳他的处境，并且也认识到了生死轮回、得到与失去，这些都是很自然的事情。

特别的是当吸血鬼反刍财宝、魔法书和动物时，动物们再一次被释放出来。从前心灵中吸榨生命的东西，现在变成了一种本能的力量和财富，内心的世界被财宝和智慧的书籍所丰富。之前沙盘中出现的珠宝在这个沙盘中成倍地出现，并分布在整个沙盘中。这里有许多的财宝，而且是随手可得的。

被吞食后发生的转化是神话故事中一个深刻的变化主题，比如，我们在

《圣经》故事中看到的约拿和鲸鱼的故事（Eliade，1996）。另一个关于转化主题的神话故事是北欧童话宇宙树，世界之树（Sturluson，1984）。在这个故事中，有一只名叫尼德霍格的巨型毒蛇，它生活在世界之树的树根里，世界之树掌管着整个世界的生死。尼德霍格盘踞在地下，黑暗的地域，它在那里啃噬着世界之树的树根并吞食着世界之树。作为对转化的描述，遭遇到尼德霍格也就意味着通过心灵的死去和丧失而发生巨大的改变。在阿里的故事里，死去的男人，他失去的纯真，又被吐到了他的脚边，好让他看清楚。伴随着财宝和富有智慧的珠宝和书籍，转化发生了。尽管恐惧和痛苦，进入阴影面的旅程让阿里直面了赤裸的真相，让他面对了自己所经历的家庭的解体。阿里现在更接纳自己的境况，并且有了方法去了解生死的轮回，了解得到与失去，这是他心路历程的一部分，也让他成为他自己。故事中，在争斗之后维京海盗入狱两次：第一次是因为没有买动物园的门票；第二次是被错误地指控犯了谋杀罪。阿里的心灵让他有能量面对自己所失去的现实，同时，他的心灵也已经准备好让他去理解、去辩护。阿里通过沙盘已经经历了根本的心理发展过程，但是面对失去所产生的悲伤和不公平的感受还是一定要有意识地表达出来的。

空中落下了五颗星星。一颗打倒了男人。这颗星星是阿里作为一个人的美丽象征意象。而且数字五的象征意义在这里又被重复了，沙盘中有五个五角星。故事中星星陨落到地面。作为完整的象征，这些星星连接着上苍又深落到大地。当我们把这个象征与释放动物本能一并考虑，可以看到在阿里心中涌现出来的是丰富本能的能量，这能量能让他照顾好自己，让他感悟自己的情感和经历并能让他找到自己的生存之道。当这些发生的时候，阿里放了一只小鸟并在小鸟下面轻轻地放了一颗珍珠，当作是鸟蛋。作为自性的象征，这颗珍珠也是鸟蛋，意味着新事物的到来。

阿里沙盘 10

阿里沙盘 10

阿里的故事

沙盘 10

好战士与坏战士

从前有一个勇士，他是一名指挥官，他打算带领他的战士们去度假。他们去了埃及。他们在乡间闲逛着，发现了一个住满恐龙的洞穴。他们听到了一声警钟响，然后好几队恐龙和士兵出现并攻击了他们。

很久以前这个洞穴里恐龙的首领们。它们是长有翅膀的恐龙。所有的战士都迎战恐龙。坏战士也来了，一场大战爆发了。后来一些印度安人和更多的坏战士一起来了。一个坏战士向指挥官射击，好战士们被激怒了，并向坏战士们投掷炸弹。后来一些好战士悄悄地靠近并干掉了坏恐龙的头领。

后来更多的人从地底下钻了出来。他们都是骷髅。他们杀死了很多的好战士，只剩下五个人，怪物又杀掉了其中的三个。剩下的两名士兵之一投下了一颗定时原子弹，然后跑向飞机。他的伙伴跑向另一架飞机。他们驾驶着飞机飞走了，沙漠爆炸了。

讨论

阿里沙盘 10

阿里这次来做沙盘的时候状态不是很好。在这里好战士在与坏战士、恐龙怪兽、骷髅人和印度安人战斗。好战士的指挥官在沙盘的右上角。他仰面躺在地上。在他正前方，有两个维京海盗、一个肌肉男和一个黑色的拿着手枪的男人。指挥官本应比其他的人物都拥有更高的地位，但看起来他并不处在一个强势的状态。

在沙盘 10 中，阿里哀悼着自己失去的改变自己生活的力量。回顾阿里之前制作的沙盘，我们可以看到一种交替变化的模式：对抗—战斗—发现财富—逃离的主题，随后是悲伤—绝望和/或丧失的主题。在初始沙盘中，我们看到了争斗并发现了财宝。战争发生于男人与恐龙之间。一个魔法师发现了魔法书；一名战士发现了财宝。接着沙盘 2 的主题是失去、哀伤和无望。

在战争后，一名战士和一只怪兽陷入一场对战士来说徒劳无功的战斗中。在沙盘 3，发现财富的主题又出现了。随后沙盘 4 的主题又是丧失，一个男人被熊杀死了并被葬在一个盒子里。同时一名维京海盗也被杀害了。沙盘 5 回归到冲突和发现财宝的主题，恐龙与士兵发生了战争，战士们发现了金子。沙盘

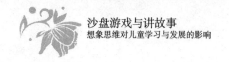
6 重复了冲突和发现财宝的主题，一个男人，以一敌众与不同的对手对抗，最后发现了珠宝。从沙盘 7 到沙盘 10，失去和悲伤的主题变得更加明显。在沙盘 7，一个男人的船在一个充满危险和威胁的小岛上撞毁。恐怖的战争过后是生命的逝去。沙盘 8 中重复了失去和抗争的主题，一家宠物店老板的黄金被偷走了，在后面的战斗中他重新找回了自己的金子回家了。

在沙盘 9 中阿里发现了新的发展潜力和内在力量，接着在沙盘 10 这里发生了一场狂暴的战争。在这里又出现了无望、徒劳和失去的主题。故事中吸血鬼吃掉了一个男人，后来又把他的尸体吐了出来，维京海盗也被冤入狱。两名主人公死里逃生。故事里的动物都是远古可怕的昆虫，鳄鱼的嘴里还叼着士兵。故事中的战士本打算去度假，但最后是以加入一场恶战而告终。他还遭遇到骷髅人的攻击。

故事里，实质上毫无意义的打斗传递着阿里对父母离异的悲伤和他内心要接受这个事实的挣扎。显然他并不能控制或改变他所经历的一切，并且他也知道这经历突如其来。家庭生活中的巨大改变已经深深地伤害了他。不过令人敬佩的是，他自我成长的能力让他通过沙盘表达出了自己的愤怒，而这也是他自我疗愈和自我发展的必需一步。

在接近沙盘中央的地方，有一对引人注目的熊猫宝宝。这对熊猫宝宝是阿里继在沙盘右下角放入一大截朽木之后，迅速放入沙盘中的第二组沙具。这对黑白相间的熊猫，就像中国阴阳的象征，承载着对立面的融合，预示着新的心理品质的诞生。这种对立的融合，二元性的原型，会在完整统一被分割成彼此对立的两极后出现，而这也是物质生成的基础（Kalff，2003）。也许首领所承载的力量将在后面崛起显现。

阿里使用了五架飞机作为交通工具。在他的故事中阿里经常提到飞机，但是在这里他真的将飞机放入了沙箱中。由于此时沙具中并没有真的飞机模型，阿里很聪明地用羊脊骨作为替代。两架飞机载着两名逃过屠杀的好士兵离开了埃及。在他们离开沙漠的时候，其中一个人扔了一颗定时原子弹，引发了大爆炸。也许阿里在发展可以让他远离战争的内在品质。

阿里在沙盘中放了三棵绿树和一大截朽木，这表明尽管有失去和死死亡，但依然有新的成长和发展。这一点也反映在阿里在沙盘中使用了很多大岩石块摆成圆形来建造山洞上。当他无力改变自己的境遇时，他在努力发展自己健康、坚实的心理阵地。

阿里沙盘 11

阿里沙盘 **11a**

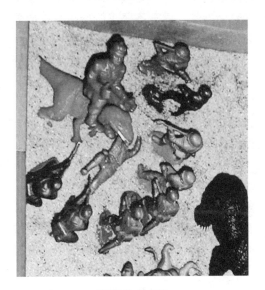

阿里沙盘 **11b**

阿里的故事

沙盘 11

骑着恐龙的男人

从前有一个男人，他有一只恐龙，他骑着它到处走。一次他来到了一

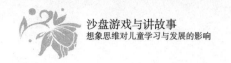
个洞穴前，许多士兵和动物从地里冒了出来，并攻击了士兵。这个男人骑着自己的恐龙向士兵们发起了攻击。

指挥官来了，他告诉小一些的士兵到洞穴去看看能找到些什么。他们发现了一枚金蛋。恐龙跑来保护这枚金蛋。军官们来了，他们告诉战士们这些恐龙不过都是玩偶。一名士兵推倒了玩偶想去拿金蛋，但被炸死了。战士们发现在金蛋周围有地雷。

战士们带着枪赶来了，向正在攻击他们战友的鳄鱼射击。骑着恐龙的男人出现了，他向动物们投掷炸弹。战士们将男人和恐龙围了起来并向他射击。最后战士们引爆了所有的地雷，拿走了金蛋回家了。

讨论

阿里沙盘 11

在沙盘 11，阿里又遭遇了另一场残酷的战斗，不过相比于之前的大多数战争，在这场争斗中混乱更少，秩序更多。印第安国王是第一个被放入沙箱的沙具。他在控制监视整个事件。国王不同于肌肉男，肌肉男在上一个沙盘中是故事里的英雄。在这里印第安国王穿着代表权利的长袍，并带着一名皇室人员。表面上看他并没有肌肉男的蛮力，但他却蕴藏着内在的力量，代表着真正的权威。

印第安国王对角上的位置是一个骑着红色大恐龙的男人。在这个沙盘中，红色恐龙，经常被看作是最有力量的原始敌对生物，现在它在男人的掌控之中。同时它还被战士们包围起来。从前危险失控的事物现在变得驯服并为人服务。随着阿里持续的发展，威胁他心灵的力量在消退，新力量在生成。这个主题也在故事中得到了体现，保卫金蛋的恐龙变成了无害的玩偶。之前看起来威胁阿里的事情不再构成任何危险了。

当一名战士贸然想取拿金蛋时，他踩上了一枚地雷并被炸死了。这让我们想起了神龙保护珍贵珍珠的神话故事。珍珠很难获得，只有拥有智慧并经历了艰难险阻的人才能得到它。不是每个人都能成功并得到它的（Eliade，1991）。这是一场英雄式的旅程，巨大的牺牲和丧失之后，成长和成熟才会到来。

战场上散落着许多死去的战士和动物的尸体。阿里在面对家庭变故所需要的个人转变中付出了巨大的代价。事实上，他必须接受，那个在父母保护和抚育下的自己已经不存在了。他必须忍受自己内心激烈的变化，并明白自己作为一个独立的个体，有一个离异的母亲和一个离异的父亲这一事实。在沙盘游戏这个自由和受保护的空间里，他已经能够完成这一艰巨的任务。鉴于他一开始的退缩状态，我们很难想象还有什么其他方法可以让他在如此短暂的时间里实现这样的转变。

阿里沙盘 12

阿里沙盘 **12a**

阿里沙盘 **12b**

阿里沙盘 **12c**

阿里的故事
沙盘 12

海龟宝宝

很久以前，海里有两只海龟。一天，一只海龟下了一个蛋。数月后，小海龟出生了。海里的其他动物都来保护这只海龟宝宝，因为有怪物要杀死小海龟。

一些小士兵来了，想保护小海龟。但他们陷到了沙子里。后来，一名大战士和另外三名战士来了，他们很大，所以没有陷到沙子里。战士们开始向恐龙射击。后来恐龙的指挥官来了并带来了自己的两个朋友，战士们杀死了它们。一只背上背着另一只恐龙的大恐龙来了，一只鳄鱼攻击了它。

所有的恐龙都死了，除了一只藏在沙子里的。蝎子看到了它打算蜇它，但恐龙钻到了更深的沙子里，并钻到了湖边跑了出来。它飞了起来，拿到了海龟蛋，但小海龟从蛋里冲了出来。恐龙没得逞，一条鲨鱼来了并吃掉了恐龙。

讨论
阿里沙盘 12

阿里的沙盘游戏之旅已经走了很久。在他最后的一个沙盘中，他的焦点是沙盘中央的大片开放水域。在湖的正中心是海龟一家，也是阿里第一组放进沙箱的沙具。海龟宝宝在海龟妈妈和海龟爸爸中间。很显然，父母现在是分离的状态，而孵化出来的海龟宝宝处在与母亲和父亲都有关联的位置上。阿里象征性地得到了重生。他已经经历了心灵内在的转化，从而可以调整自己并在他新形态的家庭中生活。

故事中依然有威胁存在，但有趣的是阿里赋予了鳄鱼、蝎子和鲨鱼保护的力量。尽管它们可以保护这个脆弱的小生灵，但我们依然可以看到大量的愤怒涌现出来，需要表达和适当的疏导。

一只三头绿色怪物坐在摇椅上，好像在看着下面池塘中的三只绿色海龟。也许这只三头怪物是这个家庭的阴影。也许围绕在新生周围的愤怒是由于离婚而依然存在于家庭中的愤怒。虽然阿里新发展出来的自性已经存在并相对"安全"，但对阿里来说，他必须要学会处理会影响到家庭氛围的自己的愤怒和怨恨。

阿里并不是按照我们在一些其他案例中常见的传统模式：下沉（到潜意识水平）、中心化、上升（到意识水平）来完成自己的沙盘游戏历程的。我们很希望他可以继续进行沙盘游戏治疗，但是学年（研究）已经结束，我们不能再继续下去了。即便如此，很显然在这过程中他做了很多的工作并取得了显著发展。回想当初父母离异后，阿里基本将自己封闭起来，在学校的表现欠佳，并且在身体发育方面也落后于同龄人。沙盘游戏让这个孩子有机会面对并修通内心深深的痛苦和困惑，也让他的愤怒有一个安全的发泄口。尽管我们希望他可以继续进行沙盘游戏，不过经过一个学年的调整他已经好了起来，能够更好地适应自己的家庭和社交环境，在学校的表现也回到了正轨。

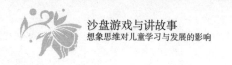

阿尔达：9 岁的四年级女孩

个案概述

阿尔达是个温和文雅的女孩，她在学习上遇到了问题，学习吃力、很缓慢。她被诊断患有阅读障碍，总是犹豫很久，然后把写的东西擦掉。阿尔达非常害羞，但是当她参加班级表演时，她看起来似乎呈现出截然不同的个性，能够很轻松熟练地唱歌跳舞。在表演中她穿得更加成熟，舞跳得非常放得开。社交方面，阿尔达在班级里是比较孤立的。她的老师回忆道：有一次，当班级正在讨论吸烟的危害时，她中断了讨论变得极为伤心。事后阿尔达告诉老师，她父母都吸烟。老师猜测，阿尔达可能担心会涉及她父母的一些问题。

阿尔达很爱哭，缺乏安全感，对自己所做的任何事情都不满意。她在数学和阅读方面的能力落后于同龄人整整两年的水平。但当她来做沙盘的时候，她的状态是很不同的。她充满自信并且对自己的沙盘作品很满意。

她的家庭状况比较令人担忧。父亲酗酒，哥哥吸毒。阿尔达曾被怀疑遭受过性虐待。在那段时期，由于她父亲的酗酒，儿童福利委员会也介入了调查，但没有找到任何切实的证据，所以调查也就此停止。这个女孩经常焦虑不安，并会有诸如头痛这样的躯体反应。她的父母，尤其是她的父亲，都不愿意让阿尔达参加此项沙盘游戏研究，但他们最终还是同意了。

在阿尔达参加研究的一年里，尽管她依然落后于自己的同学，但与自己相比，她在阅读能力上取得了很大的进步。同时她在拼写和书面表达方面也有了一定的进步。阿尔达在数学方面自信心不足，学年过后她的算术能力依旧比较弱。

韦氏儿童智力测验(WISC-Ⅲ)中阿尔达的分数低于平均分(81/92)。她在注意力方面有了显著的进步(17 分)，在知觉组织方面有了比较大的进步(12 分)，但在加工速度方面稍有下降(－3 分)。

在学年结束时，使用贝克测评量表(Beck Inventories)，阿尔达自我评估，她的愤怒行为和混淆行为增加了很多。对阿尔达沙盘作品的研究和对她艰辛生命历程的了解，可以帮助我们更好地理解她的愤怒和低自尊。我们祝愿阿尔达在沙盘游戏中所获得的心灵力量可以在她今后的生命中一路伴随着她。

根据阿尔达老师的评估，在学年初她有注意力缺陷障碍(ADD)的临床症状，但在学年结束时症状减轻。阿肯巴克行为量表(Achenbach Scale)中根据老师的评估，躯体反应和社交孤立的情况都有显著改善。在学年开始时，躯体反应达到临床诊断的临界值，学年结束时躯体症状已经大量减少。同样，阿尔达的老师在学年开始时，对她的抑郁和焦虑水平进行前测，均达到了临床诊断边界值，学年结束时分数均有下降。不过，她父母的反馈是学年末阿尔达的抑郁和焦虑症状都有增加。也许父母是将阿尔达意识到她所经历过的虐待和痛苦时所产生的情绪反应误解为是抑郁和焦虑。

阿尔达对沙盘游戏充满高度热情，全身心地融入其中。与她在学习中表现比较慢不同，在制作沙盘时她速度很快并且会积极地移动沙具。特别是她经常会在沙子中掩埋沙具。阿尔达的所有沙盘都是干沙，不过有九盘都将沙拨开露出蓝色水面。她经常使用相同或相似的沙具。其中，黑蜘蛛出现的频率最高，出现在9个沙盘中。阿尔达的沙盘中有很多冲突的主题。所有的沙盘都会有魔法的内容。其中九个盘里有对立、财富和恐惧的内容；六个盘里有毒药和洞穴；五个盘里出现了成长和改变的主题。阿尔达喜欢讲连续的长篇故事，这些故事通常充满困惑，如梦境一般。

阿尔达沙盘1

阿尔达沙盘1

阿尔达的故事

沙盘1

魔力

这是魔鬼——恶魔(沙盘右下角的吸血鬼)，因为世界就在他面前，他想统治整个世界。这位女士(沙盘左上角)想查明到底发生了什么事，猴子感到非常吃惊。邪恶的魔鬼用自己的魔力和法术，搜集了很多宝藏，他把

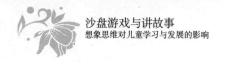

它们偷来并藏好。

　　交叉的腿骨标注了他埋藏宝藏的地点。他还把一些宝藏藏在桥下。打开宝藏箱的钥匙也被藏了起来。在棕色玻璃瓶里装着毒药（沙盘右下角吸血鬼身后）。

　　这蜘蛛是一只狼蛛，有毒性，它是魔鬼的宠物。

　　在制作完成后，她还做了一些注解：

　　这里落了东西没放（她放入了一个手中持枪的男人，枪口就冲着沙盘左上角的女人）

　　他正效力于魔鬼。

　　恐龙们正在猎食。

　　这只瓢虫是无辜的小虫子。

　　贝壳则是一个诱饵和陷阱。

　　魔鬼成功地改变了世界并让全世界都变得邪恶不堪。

　　灰老鼠也是效忠于魔鬼的。

　　然而不管怎样，这个女孩（左上角的女人）最终还是得到了宝藏箱。

讨论

阿尔达沙盘1

　　阿尔达的初始沙盘清晰地呈现了一边邪恶一边天真相互对立的状态。沙盘中的邪恶方包括：吸血鬼、毒蜘蛛、持枪的男人、灰老鼠、毒药和鳄鱼；天真方包括：一个阿尔达称之为"女孩"的黑人女人、猴子、瓢虫和白老鼠。阿尔达告诉我们：邪恶的吸血鬼统治着整个世界。他用魔法窃取宝藏然后将其隐藏起来。他将偷来的宝藏埋藏在桥下，还把偷来的东西放进一个粉色心形的盒子，将盒子埋在沙子里，并用交叉腿骨的图形（常画在骷髅下，象征死死亡）来标注位置。阿尔达也尝试过把更大的财宝箱埋起来，但没成功。邪恶方里有一个持枪的男人，他用枪瞄准着左上角的红衣黑人女性。他有只宠物蜘蛛，阿尔达称之为毒蜘蛛。在吸血鬼身后的瓶子里还有一些毒药。危险和对立的主题则通过鳄鱼和它的猎物白老鼠在中央湖水区域突出呈现出来。

　　阿尔达在初始沙盘中选择的象征物（沙具）引人注意。吸血鬼，尽管人们普遍第一反应都是男性，但其实在15世纪的德国和捷克斯洛伐克，她最初是一个女性恶魔（Russell，1977）。传说这些女性恶魔专门偷取并烹烤儿童为食。很显然，当阿尔达在故事中讲述吸血鬼时，说他"……是一个恶魔，一个魔鬼"。这是从她的集体潜意识中提取的信息。荣格认为集体潜意识是全人类所共有的智慧库(Jung，1981)。就像 DNA 一样，集体潜意识通过遗传世代相传，它包括了人类的基本原型或原型范本。一个证明集体潜意识存在的证据，就是跨文化、跨宗教的神话故事中主题的相似性。这些主题的本质是相似的，只是在不同的文化中以不同的外观和特征呈现出来。阿尔达当然并不了解吸血鬼代表着可以摧毁童年的邪恶女性力量，但是她的潜意识帮助她选择了可以完美表达自己内心需要的象征物，来开始自己的沙盘游戏。

沙盘里同样代表着破坏童年的女性力量的沙具还有鳄鱼和大蜘蛛。虽然在自然界中并不是真的，但人们普遍相信：当母鳄鱼用嘴叼着小鳄鱼下水时，会吞食掉一些小鳄鱼。在埃及故事《白日出发》(*Book of Going Forth By Day*)中，鳄鱼怪兽吞吃掉了那些邪恶之徒(Budge，1994)。在光明面，大的黑蜘蛛有编织美丽蛛网的能力；但在阴暗面，大的黑蜘蛛是设陷阱诱捕和吞食猎物的。阿尔达将瓢虫描绘为无辜的小虫子，它被困在了大贝壳的陷阱中。说明她内心这小部分的天真无邪已经被"俘获"了。我们需要注意到阿尔达故事中发生的问题反映出了她的内心世界，呈现出对她原型女性(母性、抚育)与原型男性(父性力量)的创伤。初始沙盘中反复出现的吞食毁灭的象征性主题，说明阿尔达在自己的沙盘游戏中需要解决的问题是，天真的毁灭和保护的缺失。

阿尔达的故事里：一位女士想要查明到底发生了什么事。然而，这是一项危险的任务，持枪的男人直接用枪指着她。沙盘中，这个男人是一个非常小的黑色沙具，就在女人的左边，在玫瑰花瓣的前面。阿尔达受到了男性力量的威胁，而且并未得到女性力量的保护。她被各种危险和毁灭性的事物所包围。心灵的财富、真理和自性，不得不随着心形盒子被深埋地下，并用骨头搭的十字架标记出来。沙盘上方两个角落里的玫瑰花瓣看起来就像是人的眼泪。

野猫象征着积极的一面。它们充满力量，能够照顾自己(Sunquist & Sunquist，2002)。从象征意义上，野猫与自性紧密相连，它们都按照时间的要求进行移动。在古埃及猫被视为自然界中的女性力量(Malek，1997)。她们以非语言的方式获得智慧，被认为是超人类的物种。

值得注意的是，阿尔达是白种人，拥有白皙的肤色，但在沙盘中她却选择了一个黑人女性人物来扮演故事中的重要角色。也许这个黑色皮肤的女性承载着阿尔达女性特质中的阴影面，但她被压抑进了潜意识，作为应对自己功能失调环境的方式。回顾她的作品，我们希望这些被压抑的品质会再次涌现，并能为她的自我保护提供帮助。

中央湖区的鲸鱼也充满象征意义。在自然界中鲸鱼必须潜入深海觅食，然后再浮出水面呼吸空气。在神话故事中，鲸鱼象征着海上夜航(night sea

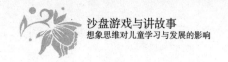
journey)。荣格是这样描述这种形式的心理变化的：

> ……下地狱或去天堂，任何远离整个现实世界的地方，都在意识之外，都是沉浸在潜意识之中。(Jung，1985，par. 455)

这完全下降到了潜意识的水平，超越了意识的范畴。从这里，个体会经历彻底的转变。如圣经故事中约拿和鲸鱼的故事，神话故事中经常出现被龙或海怪吞噬的情节(Jung，1985)。看起来阿尔达的沙盘游戏必须经历一些艰难的过程。

除了即将沉入潜意识水平，阿尔达沿着沙盘内壁在黑人女性身后放了一只小猴子和两对羽毛。羽毛来自飞鸟，暗示着上升的可能性，也暗示着可触及内在的心灵。机灵的猴子也有相似的意义，它擅长上下攀爬。朵拉·卡尔夫把猴子称为"……心灵的原始驱动力"(1988，Conference Notes)。羽毛和猴子在众多的恐怖沙具中让我们看到了一些希望，它们代表着阿尔达的心灵财富，这些心理资源会帮助她继续后面的沙盘工作。湖中的红色大龙虾也是一种心理资源的代表，因为龙虾在水底生活，以吃水中的废物为生。从象征角度说，它们清除了自性中的陈旧面和无用之物。湖两边的两只恐龙可能暗示着：阿尔达需要解决的问题非常久远。恐龙的出现可能代表着阿尔达痛苦的状况有着较长的家族史，也许会追溯几代。

从沙盘中来看，阿尔达主要的问题是需要唤醒她的内在女性力量，这将有助于她的成长和发展。阿尔达的目标就是去寻找心灵内在的女性力量，这种力量可以包容她、关爱她。她需要发展女性的本性，在必要的时候这种特质可能会很凶猛，但可以驱赶危险保护她。同时她还需要找到内在的男性力量，即阿尼姆斯，它能引领内心前行。阿尔达必须将自己在现实生活中所遭受的创伤，与内心的母亲和父亲原型进行调解融合。

阿尔达在沙盘中放的第一个沙具是一座桥，不过她把桥放回到了沙架。随后在沙盘的建造过程中，将积极元素和消极元素摆放好后，她又把桥架在了湖中。在这样做的过程中，阿尔达找到了连接问题对立面的方法，创造了一种可能，即她能够在内心深处调解各种对立力量。在故事的结尾，阿尔达告诉了我们：最终，女人得到了宝藏箱。故事结局并不可信，因为魔鬼似乎仍然统治着世界，而她对于这样的解决之道的处理尚属为时过早。很明显阿尔达想要重获内心，重获灵魂，重获自性。她的这部分故事，连同后期制作沙盘时增加的桥，让我们有了这样的希望：通过沙盘游戏，她可以实现这些心愿。

阿尔达沙盘 2

阿尔达沙盘 2a

阿尔达沙盘 2b

阿尔达的故事
沙盘 2

黑暗洞穴

这是一个魔法师（沙盘右下角戴帽子的高个沙具）。瓶里装着毒药，棕色杯子中放着毒苹果和毒浆果。这个女孩在寻找珠宝，她有两条看门狗。持枪的男人在试图阻止她。当持枪男人瞄准她时，她举起了双手。

这里有许多动物，比如，鲨鱼和其他的危险动物。紫蛇是条巨蟒，它

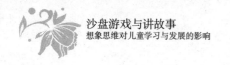
能喷射毒液。巨型蚂蚁能电击别人。还有一只天真的小瓢虫。

魔法师让持枪男人把这个女人关进监狱。

还有一个小男孩在外面玩耍，他进入了洞穴，鳄鱼也进来了并把男孩当作自己的午餐吃掉了。

持枪男人把这个女人关了起来。不知怎么地猴子拿到了打开财宝箱和牢房的钥匙。他们逃了出来。

狗咬了这个男人的脚。男人很饿，他把有毒的浆果吃掉了。但他并没有死，而是变成了一只老鼠。

女人成功地从财宝箱中拿到了一条项链，但魔法师仍继续统治着世界。

讨论

阿尔达沙盘 2

在阿尔达的第二个沙盘中，初始沙盘里的许多沙具和主题再次出现，但有了明显的变化。初始沙盘中的黑人女性再次出现。还在沙盘左上角的位置，但现在她身边有两条强壮的看门狗和小猴子陪伴。在自然界中狗是忠诚的，直觉性很强。从象征角度讲，它们代表着相同的品质。现在这两条狗在保护着这个女人。数字二象征性地暗示：一些新的品质正在潜意识中涌现出来。从数字的象征意义中我们知道：内心的发展过程是从一个完整的整体或"一"中，一分为二。这一对或"二"，能够开始了解并反省自己。这些全新的心理品质，它们正在被催生出来，并需要呵护和滋养(Kalff，2003)。这一对狗的出现，似乎代表着阿尔达本能中出现了一些新的发展。小猴子现在坐在女人左侧的沙盘边缘。对精神世界的探索即将到来，同时这也被两条狗所保护着。

初始沙盘中的邪恶吸血鬼现在变成了一个魔法师，他有一个健硕的贴身保镖侍奉左右。他仍然统治着整个世界(地球仪还在他面前)，毒蜘蛛还是他的宠物。初始沙盘中的野猫、鲸鱼和恐龙再次出现，暗示着这些强大的象征性力量继续在阿尔达的内心中工作着。她继续向潜意识深处下沉，去面对内心的障碍，并去获得她克服问题所需的心理品质。阿尔达放在沙盘里的最后一件沙具是初始沙盘中就出现过的小瓢虫。它在沙盘右上方靠近邪恶势力的大贝壳里。危险和威胁依然存在着。除了贝壳的遮挡，它毫无防御能力。尽管黑人女性现在有了狗的保护和引领，但瓢虫仍然处于暴露状态，无依无靠。

阿尔达使用了一些绿树来完成对这里的布置。树木是富有象征意义的沙具。在众多的象征意义中，它们象征着大母神的女性主义、滋养、庇护和保护

(Neumann，1972)。树木也代表着成长和发展。这些积极、滋养的内心品质开始来平衡在吞食小孩的鳄鱼身上所代表的女性力量的阴暗面。在阿尔达继续探寻内在女性力量和男性力量时，这些绿树带来了女性力量中更具保护性和滋养性的一面。不过与此同时，毁灭性的一面依然存在。

在阿尔达的叙述中，她添加了一段一个毫无防备的小男孩调掉入洞穴的恐怖情节。在洞穴中他被可怕的动物包围，包括巨蟒、巨型蚂蚁和鳄鱼。正如我们在沙盘中所见到的，鳄鱼吞掉了小男孩。阿尔达的原话是："……(鳄鱼)把小男孩当作自己的午餐吃掉了。"讲述完这个情节，她马上又回到了女人及其冒险的故事中。在初始沙盘中鳄鱼正在猎捕白老鼠。在这里，鳄鱼吞掉了小男孩。阿尔达将小男孩所代表的积极天真的阿尼姆斯呈现在沙盘里，但是他目前处于极其弱势的状态，最终被吞噬掉了。治疗师对这个沙盘非常关注，她联络了学校的心理咨询师。他们决定共同协作关注这个女孩，并紧密追踪后续的进展。

在初始沙盘中，一些事物被吸血鬼用魔法偷走并被隐藏了起来，在第二个沙盘中没有发生类似的隐藏情况。在这里冲突变得更加直观。毒浆果和毒药暴露在外。这很可能意味着父亲的酗酒及其对家庭产生的相应影响。在阿尔达的故事中，男人吃了一颗浆果，变成了老鼠。他变成了动物，不再具备人类的品质和德行。在阿尔达的沙盘游戏中，毒药是被大量使用的暗喻，这也许表达着她父亲的"毒药"给她带来的伤害和痛苦。

阿尔达告诉我们：男人将女人关进了监狱。但是，猴子能够解救她并打开财宝箱。从象征意义上讲，对内心世界的探索解放了她，并用财宝箱里的一条项链装扮自己。尽管魔法师在继续统治世界，但现在女性的本性已经与内心紧密联结，并让她获得了心灵的自由。

这条项链是个非常有趣的象征物，它是圆形的，由珠宝串成。它具有王冠的品质，王冠既是尘世间皇家统治者的标志，也是上苍统治者的标志，或者自性的代表。此外，它还与生育能力和性欲相联系(De Vries，1984)。考虑到阿尔达个人史中关于性虐待的申诉，在她的沙盘中，项链的象征意义变得有些复杂。它代表着自性重整、整合的潜在可能，同时与性相关的信息也呈现着沉重的心灵阴影。在故事中，女人从邪恶男人的囚禁中被释放出来后，马上得到了这串项链。被男人囚禁，有性内涵的项链，都让人感到非常困惑和担忧。除了项链代表的积极品质外，它也可能是阿尔达忍受自己成为其父亲"囚徒"的沉重心理负担。

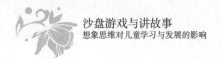

阿尔达沙盘 3

阿尔达沙盘 **3a**

阿尔达沙盘 **3b**

阿尔达的故事

沙盘 3

女性的力量

兄妹俩在找他们的狗。狗跑到了洞穴里并不停地叫。两个孩子向洞穴走去。洞穴门打开，他们进入了洞穴。

这有一个地球仪，由一个澳大利亚男人控制，他现在已经去世了。还有一本书，书里有一个咒语。如果你能背熟咒语，你就能拥有统治世界的力量。魔法师想得到地球仪，统治全世界。

老妇人本想用些面包屑去喂鸭子，但她迷路了，走到了洞穴里。

魔法师拥有这个洞穴，但他很长一段时间都不在这儿了。那个澳大利亚男人把书藏在洞穴里并把钥匙藏在了烛台下（沙盘右上角）。魔法师有一个女儿，女儿很生他的气，因为他背叛了自己的女儿。现在他想通过统治全世界的方式来弥补自己的女儿。

这些熊是魔法师和毒蜘蛛的护卫。这些青蛙是有毒的，澳大利亚男人是它们的主人。

澳大利亚男人的女儿打算去拜访他，但是她花了很长的时间才到达，以至于当她赶到时他已经去世了。这个澳大利亚男人也有一点不走运。魔法师和澳大利亚男人起初是好朋友。澳大利亚男人很傻，他告诉了魔法师有关书和地球仪的事情，魔术师随后派毒蜘蛛和巨蟒把他杀死了。

两个孩子在寻宝，后来他们找到了自己的狗。

这个蛋是充满魔力的，如果它打开的话，所有的愿望都能成真。本来是一位公主拥有这颗蛋，但是魔法师偷走了它。只有女人许愿，精灵才会从蛋中出来。

魔法师没有成功地统治世界。孩子们为一直在哭诉的海豹感到难过。女孩成功地拿到了魔法书并开始读咒语，随即一束光闪现，她可以统治世界，魔蛋也打开了。男孩跑到蛋旁边，魔蛋合上了。只有女孩才能够许愿。然后魔法师突然变成了一个普通人。

佛像的眼睛是个照相机，专门为孩子们给这个澳大利亚男人照相。魔法师的猫头鹰很聪明。它拥有魔力能够发出光束，打在书上，但是现在女孩已经记住了咒语，她能够继续统治世界。

阿尔达沙盘3

讨论

阿尔达在制作沙盘3时有些纠结。她从沙架上拿了许多沙具，随后又把它们放了回去。沙盘1和沙盘2中的黑人女性就在其中。在制作的过程中，她不停地调整改变。她看上去有一点不安，在玩沙时看了治疗师几次。她的矛盾状态和不安全感可能暗示着：随着阿尔达进入心灵的新领域，她自我结构中的一

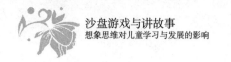

些正在瓦解的部分，正在阻碍她的继续成长和发展。

这也反映在阿尔达的故事中。魔法师和澳大利亚男人不知怎么地似乎彼此融合在了一起，正如他们的两个女儿一样，变成了同一个人的两面。魔法师是邪恶的，澳大利亚男人稍好一点。魔法师的女儿对自己的父亲很生气，许多秘密也与他有关。澳大利亚男人的女儿长途跋涉来看望自己的父亲，结果当她赶到时父亲却已经去世了。

故事以一对兄妹开始，兄妹的组合是男性力量和女性力量的平衡。他们开始去寻找自己走进黑暗洞穴中的狗。进入洞穴中，男性与女性力量又各自划分成两个角色，即各自力量的光明面和阴暗面。阿尔达将男主人公们分成了男性原型力量的两面，既有矛盾背叛的部分，又有令人喜欢却难以获得的部分。女性原型力量以女儿的形式表现出来，一方面对父亲很愤怒，同时也准备好要长途跋涉去看望自己的父亲。

沙盘 3 是在 10 月 24 日制作的，这一天恰好是冰岛的妇女节。女性权利和阶级讨论成为这天的新闻头条。当阿尔达在给自己的故事命名时(《女性的力量》)，毫无疑问会影响她对主题的选择。在阿尔达的沙盘游戏和讲故事过程中，她的工作核心是女性特质的力量。尤其是，故事中只有女孩才能够打开沙盘左下角的绿色彩蛋，当男孩靠近彩蛋时，它就闭合起来，拒绝他的接近。蛋有生育能力的象征，也是所有创造的萌芽。当女孩能够控制魔法书时，她统治了整个世界，彩蛋也打开了，她许了一个愿。然后，许多转化发生了。魔法师失去了他的超能力，变成了一个普通人。他不再像从前一样拥有神秘力量。随着魔法师的变化，女孩的兄弟变成了一个积极的阿尼姆斯形象。在上一盘中被鳄鱼吞噬掉的、毫无防备的小男孩在这里发生了变化。尽管他还很小，但他已经变成了一个同盟伙伴。

沙盘中出现的另一个积极的品质是在右下角的熊妈妈和熊宝宝，母子一体性，这预示着新心灵内容的发展(Kalff，2003)。正如新生儿来到这个世界一样，崭新的心灵品质最初呈现的状态就像母亲与孩子在一起的状态一样。在自然界，熊是凶猛、极具保护性的母亲。沙盘左下角绿色彩蛋旁边正在孵蛋的母鸡是沙盘中另一个积极的女性力量代表。有趣的是，阿尔达把母熊和它的幼崽放在离魔法师(右下角邪恶男性人物)很近的地方。也许，新涌现的心灵品质是一种像母熊一样的凶猛母性，这种品质可以让阿尔达保护自己，免受来自现实世界中的男性及其内心冲击的负面影响。我们看到了阿尔达女性特质内在力量的一些发展。但同时，许多危险还继续留存在她女性特质的阴暗面中。凶残的鳄鱼仍然出现在沙盘的中央位置，蜘蛛就在魔法师的旁边。正如我们在初始沙盘中所见，两者都代表着女性特质的阴暗面。

　　沙盘左下角的两只蝴蝶强调了正在发生的转化。在自然界中，蝴蝶的生命历程从毛毛虫开始，最终蜕变成华美的飞舞生灵。从象征意义上讲，它们代表着重生和复活。这种重生的象征意义也反映在红色的海星上，海星也因其再生能力而闻名。海星被放在克利须那神像的脚边，这暗示着心灵的转化。阿尔达还在左上角放了一尊大佛像，把在沙盘1和沙盘2中都出现过的小猴子放在了佛像头顶。佛像的手高举过头，手握饭团，象征着滋养和财富。心灵的成长也反映在飞鸟和羽毛上，而鸟类和羽毛除了没出现在魔法师所在的右下角外，均出现在其他三个角落。从象征意义上看，尽管还有许多危险，但阿尔达的内心得到了滋养，她需要这滋养来继续心灵的探寻，即追寻自性。

阿尔达沙盘 4

阿尔达沙盘 4

阿尔达的故事

沙盘 4

恶作剧

　　有个女孩经常去海里玩，因为她的父亲曾是一名渔夫，但是他的船沉没了。没人知道海里有鲨鱼。这三个孩子是顽皮的家伙，蜘蛛是他们的宠物。他们正在戏弄这个女孩。他们的头儿（带蓝色鸭舌帽）用一根棍子把女孩推进了水里。女孩的姐姐（沙盘右上角的红衣女人）骑着黑马赶来救了她。那三个顽皮的孩子牵走了马，但还是被女孩们找回了。

　　豹子很理解女孩的心情，因为当它很小的时候就被同伴欺负，被推进

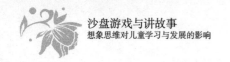

水里。它戏弄并吓唬了这几个顽皮的孩子。豹子看起来很危险，但实际上并不是那样。

　　女孩总是带着一些吃的在去海边的路上吃。她朋友不多，只有她的姐姐和这只猫。她的确有过一个最好的朋友，那就是她的父亲，但他在沉船时去世了。

(堆了一座小山，并把河马放在了山顶)

　　野生动物里除了犀牛(沙盘左下角)和大河马，其他并不危险。女孩大部分时间都待在灯塔里(她的家)。她的房间就是塔顶上有窗户的那间。那三个顽皮的孩子住在下层有窗户的位置。他们总打破窗户，爬到灯塔顶上，打碎灯泡。

　　女孩的妈妈曾是名空姐，由于飞机失事她失去了母亲。失去双亲后，是她的姐姐负责照顾她。

　　女孩知道爸爸沉船的位置，但她的妈妈和姐姐并不相信。不过后来她们找到了沉船。

　　(她拿起了沙盘左上角的帆船)

　　她父亲被压在船下，受了重伤，但是最后她们成功地救出了他。

讨论
阿尔达沙盘4

在这一盘中的主角是个可怜的孤儿，小女孩的父母双双在意外事故中离世。沙盘中没有父母亲的出现。故事中，妈妈是位空姐，死于空难；同样悲剧的是，父亲死于渔船沉船。阿尔达内心继续在针对女性力量和男性力量，母性和父性开展工作，在这里她开始面对以往两种力量的缺失，和都没有恰当地保护好自己的事实。在沙盘游戏中，阿尔达与这个令人悲伤的现实进行着搏斗。也许她开始了一段悲伤的时期，她开始放弃了"一切将会好转"的希望，放弃了父母将发生变化、会根据她的需要来关爱她的希望。承认接纳自己的缺失，并为自己的缺失而哀伤是必需的一步，接下来她将接近自己内在心灵中的父亲和母亲的原型。

　　许多沙盘3中的元素又出现在了这里。这里有三个母子一体性的组合，长颈鹿、大象和河马。一只鸟和一只蝴蝶被放在了绿树顶上，表达着心灵在这里，转化正在发生。在小女孩的水域对面，一只乌龟正从海里爬出来。

　　从象征角度看，乌龟传递着整合的力量。乌龟壳的外形将方与圆结合在了一起。龟壳的底部是方形，背部是圆形。从原型上看，方与圆的结合，是将大地与天空(天圆地方)联系了起来，暗示着整合性(Kalff，2003)。除此之外，乌龟、蜗牛等生物，总是带着家一路前行，这象征性地代表：自性心灵之家的整合。也许乌龟和蝴蝶的共同出现，在强调着这转变可能是她内心世界中对立面的统一融合。(Bradway & McCoard，1997)。

穿红衣的黑人女性又一次出现了。在初始沙盘中她出发去探寻"……到底发生了什么事"，在沙盘 2 中她在"……寻找珠宝，并有看门狗保护她"。在以上两个沙盘中，都有一个男人在威胁着她。在这盘里，这位黑人女性骑着黑马来解救小女孩。她是小女孩的姐姐，是照顾她的人。尽管危险依然存在，但这个积极的女性人物带来了滋养的品质，从女性特质的阴影面进入了积极面。有趣的是，姐妹俩住在灯塔的顶层，而灯塔在黑暗中指引着船舶。看起来在沙盘 4 中，阿尔达拥有了充足的内在资源，来自我滋养和照顾。有了这些内在资源，她可以找到穿越心灵和情感黑暗地带之路。尽管新的内在资源正不断出现，但考虑到她的家庭背景，我们担心她是否能够在现实生活中将这些内心的力量展现出来。

两姐妹住在灯塔高处的事实可能暗示着：她们所代表的心理特性还并不十分稳定。当然，住在灯塔顶部也会提供一个总揽全局的更好的视角。姐妹俩住的灯塔并不十分安全，因为三个淘气的孩子就住在她们楼下。阿尔达告诉我们：这三个孩子打破了窗户并打碎了灯塔的灯泡。

小女孩有自己的小伙伴。她有两个朋友：她的姐姐和她的猫。猫前面有只亮红色的瓢虫。瓢虫通常被视为好运的象征，它对农民来说是益虫，因为它能消灭破坏庄稼的害虫。在之前的讨论中我们提到：瓢虫的亮红色与热情和激情有关。在民间传说中，如果瓢虫落到你身上，则被视为是幸运的降临；但前提是一定得让它自个儿飞走，不能赶走它(De Vries，1984)。

阿尔达在美洲豹，这一强壮的野生大猫身上，获得了另一种心理资源。美洲豹同情小女孩的境遇，理解被戏弄被欺负的感受。阿尔达说："它(美洲豹)既危险又不危险。"虽然对小女孩很和蔼，但美洲豹却吓坏了那几个调皮鬼。在自然界中，豹子强健而敏捷，它们夜间潜行，黑暗中视觉敏锐。这个特性赋予了它们警觉的象征意义(de Gubernatis，1978)。在前一盘中以小女孩兄弟形象出现的助人的阿尼姆斯，在这里变成了更富侵略性的美洲豹的形象。

在沙盘 3 中扮演小女孩兄弟的人物现在成了三个调皮孩子之一。在故事中：一个孩子用根棍子把女孩推到了海里。和这根棍子一样，沙盘左下角的犀牛也具有攻击性的象征意义。当阿尔达拥有了像豹子一样更具保护性的内在力量时，她可以表达出她所经历过的凌辱。尽管没有找到她遭受过性虐待的确切

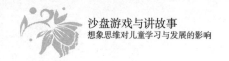

证据，但她在沙盘中呈现出来的这种侵略性、攻击性内容表明她可能遭到过性暴力。不论怎样，我们现在可以确信：阿尔达不断发展的内心资源，让她可以警惕并表达出那些她曾经历过的，对自己身体、心理、心灵不当的对待。

有趣的是，这些淘气的孩子中，有一个孩子也有一只宠物蜘蛛。从象征角度看，蜘蛛带有勤奋的积极品质，因为它努力地编织美丽的蛛网，像曼陀罗一样的网，还与创造力有关，以及生活的连贯性，因为(蛛丝)丝线连接着过去、现在和未来。而蜘蛛的消极品质就是被困于蛛网直至被吞食。像鳄鱼一样，蜘蛛与危险、毁灭性的母性有关(Neumann，1972)。在故事中，阿尔达告诉我们：蜘蛛是这个调皮男孩的宠物。象征意义上来看，消极的母性在受制于，或服务于消极的男性力量。也许，男孩和宠物蜘蛛之间的关系反映出阿尔达父母间的不健康关系，酗酒者(父亲)和从属于他的伙伴(母亲)。

阿尔达说，父亲曾是小女孩最好的朋友，而她知道父亲沉船所在的位置。这里阿尔达智慧地表达了自己内心对父亲的爱，以及现在体会到的背叛和缺失的感受。阿尔达改变了故事的结局，她把左上角沙子下面的帆船拿了起来，让父亲复活了。也许对于在故事情节中让父亲死去，阿尔达担心会受到攻击，或感到内疚，所以她努力让结尾变得看起来是圆满结局。

尽管她努力掩饰内心更痛苦的内容，但我们看到在沙盘 4 中，中心化已经开始发生了。沙盘中央区域的小女孩很勇敢，她充满潜能当然也面临着许多问题。当她去海边的时候会带上吃的来为自己补充能量。最后一个动作，阿尔达将一朵粉红色的小花放在了小女孩的脚边。这朵花以及红色的海星也许就是自性的前身。

阿尔达沙盘 5

阿尔达沙盘 5a

阿尔达沙盘 5b

阿尔达的故事

沙盘 5

魔法花

　　这是狮群的首领(沙盘左上角)，这是青蛙的首领(右下角)。女孩和男孩是好朋友，放学后他们经常去森林里的湖边钓鱼。男孩走进了红圈中(沙盘下方中间位置，魔法师周围用红豆围成了圈)，魔法师让时间停止。

　　女孩的父母、她最喜爱的马以及她的好朋友都在那儿(戴着眼镜的男人，留着马尾辫的女孩，戴着绿色帽子的男孩，戴着蓝色帽子穿蓝色裤子的男孩)。魔法师用魔法让王后和她的姐妹从中国来到了这片土地。

　　如果喝了棕色瓶中的液体并吃了绿色和红色的浆果(左下角)，他就能获得魔法师身上的所有法力。邪恶的动物(狮子、青蛙和大蜘蛛)在看守着这些东西。鳄鱼正在追赶这个女孩。魔法师肩上的猫头鹰正在观望。瓢虫非常善良。所有动物都能说话。一些邪恶的动物比如，蛇、海豹、犀牛和小蜘蛛是反对魔法师的。黑豹正在帮助这个女孩。魔法师可以改变天气状况。

　　女孩的花赐予了她力量。魔法师正与她谈判，想得到这朵花。魔法师许诺用自己的法力来交换，但是他食言了。当他得到了花，一场猛烈的暴

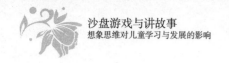
风雨来临了。时间重新开始，一切都变得更好了。只有魔法师和女孩可以移动。其他一切都被冻住了。

讨论

阿尔达沙盘 5

阿尔达今天对制作沙盘很有热情。在沙盘 4 中出现的小女孩又出现了，就站在沙盘中央跨越两个湖泊的沙桥上。站在她正对面的就是邪恶的魔法师，而她身后是一只凶猛的鳄鱼。阿尔达故事中的女主角现在就站在负面女性力量（鳄鱼）和负面男性力量（邪恶魔法师）中间。看起来在这个沙盘中，阿尔达直接表达了家庭关系中，由于不健全甚至是危险的亲子关系给她的内心带来的冲击和影响，尤其是父亲对她的影响。沙盘中央区域的沙具摆放和她故事中的陈述都强调了这一点，这一点可以从该活动的中心位置以及她的陈述中得到强调，"只有魔法师和女孩可以移动，其他一切都被冻住了"。

魔法师的两侧是中国的王妃（左侧）和花木兰（右侧）。在象征意义中，王后是富有权威的统治者，她拥有无上的权力。阿尔达说这个王妃来自非常遥远的国度。花木兰是中国民间故事中的虚构人物，她女扮男装替父从军。尽管小女孩背后的鳄鱼所代表的消极母性的一面依然存在，但这两个女性人物所承载的积极女性力量，可以帮助阿尔达去面对和处理与她父亲之间的问题。

阿尔达放入沙盘的最后一对沙具是穿红衣的黑人女性和印第安国王，把他们放在了小女孩和鳄鱼的身后。这对沙具都具有王室的特点，体现了男性力量与女性力量的平衡。国王身边的穿红衣的女性看起来很像一个黑人版的圣母玛利亚。在天主教中，黑色皮肤的玛利亚与高大白色皮肤的（处女）玛利亚形成了强烈的对比。黑人圣母玛利亚好像最早起源于原住民文化中的神灵与早期天主教的融合，她代表着女性原型的阴暗面，而这种特质并未在天主教义的其他内容中表达出来。黑人圣母玛利亚，代表着大地女神，掌控着生与死。她是神女性的化身，她同时也具有圣洁的（处女）玛利亚所不具备的，女性性欲和神圣的特质（Preston，2010）。

阿尔达在自己的沙游历程中频繁地使用黑人女性也是为了表达她潜意识中该沙具所具有的象征意义。在这个沙盘中，她将这个大地女神与印第安国王（男性形象）放在一起。黑人女性所代表的成熟力量与平等稳定、有安全感的男性力量相融合。在阿尔达面对邪恶父亲的同时，她获得了父性和母性的原型力量，形成了内心世界中健康有安全感的父母内在形象，而这种内在的父母将会在她的生命中引导和指引她的方向。

像黑人版的圣母玛利亚一样，小女孩的另一个保护者美洲豹也是黑色的。在沙盘 4 中，美洲豹同情理解小女孩的痛苦并帮助了她。也许这种理解自己痛苦和缺失的能力正从阴影面中涌现出来，并在她的心灵旅程中帮助着自己。

在沙盘 5 中，小女孩拥有了一朵有魔力的花，能赐予她力量。魔法师想得到这朵花，并用花言巧语骗来了它。但当他将花占为己有的时候，一场可怕的暴风雨降临了。如果阿尔达确实遭受过性暴力，这朵小花也许就代表着她被掳走的天真与童贞。尽管我们并不确定是否真的确有其事，但是在她的沙盘作品中我们可以清晰地看到，她的确经历着恶毒男性(力量)伤害她的事实。在这之后，为了遮掩这个残酷的现实，阿尔达突然以一个圆满的结局米结束了故事，"时间重新开始，一切都变得更好了"。

在魔法师周围有一圈用红豆围成的魔法圈。也许，阿尔达试着用这种方式来控制这个不安全的男性力量，用圆圈将他标注隔离起来，进一步确认他的危险性。而这些红豆也许就是滴落的血滴，证明着她所受到的伤害。纵观整个沙盘，里面有许多危险奸诈的动物。即使拥有了新的内心力量，仍有大量的危险存在着。抛开阿尔达内在的成长与发展，她现实的家庭生活依然是动荡和痛苦的。作为一个孩子，她别无选择，只能生活在这样的家庭中。

阿尔达沙盘 6

阿尔达沙盘 **6**

阿尔达的故事
沙盘6

黄色雕像

这里有坏人和好人,有善良的动物也有邪恶的动物。有些动物好像猪、狗、母鸡和马走向了邪恶世界,变成了邪恶的动物。

坏人在湖里抓鱼(沙里有一条不显眼的线条)。邪恶的动物们不信仰自由女神,但它们信仰黄色雕像。角落里的神们(左边两个角落)为动物们做了一些事情。你可以进入大猫头鹰(黄色雕像的右边)里面去看看善良动物的世界里都发生了什么事情。前提是:你得背诵咒语让神们和猫头鹰为你效劳。

在善良的世界里,有一些小矮人。一个男人正在喂他的动物。一只羊正在生两只小羊。善良的动物们很平静,但是当它们看到邪恶的动物时就变得很激动、也很饥饿。这个男人去露营寻宝,给动物们留下了四碗吃的,但动物们很快就都吃完了。

男人的妻子把财宝落在了山上。当她在挖掘的时候,一个士兵抓住了她并把她关押了起来,自己拿走了财宝。男人去寻找财宝,并决定到黄色雕像统治的世界去看看。他找到了财宝,并与士兵搏斗取得了胜利。接着,他找到了自己的妻子,并成功将她从监狱中救了出来。他们回到了家,照看着动物们,一切都很美好。

讨论
阿尔达沙盘6

今天阿尔达来到咨询室看起来有些疲惫、不开心。她的老师已经提前告诉我,她家里又发生了些麻烦事儿,是关于她哥哥吸毒的。这种家庭生活的动荡感体现在了沙盘6里。在沙盘5中的组织性和象征意义上的一致性在这里都没有了,这一盘显得有点混乱无序、拥挤。阿尔达讲的故事也是天马行空、很凌乱。她这里发生了退行。阿尔达发展中的内在清晰性和力量感被现实生活中的痛苦和混乱所吞没。

尽管她想尝试讲述一个冲突的主题故事,但很快情节变得很含糊,好动物与坏动物之间的界限也被混淆。看着这个沙盘,里面有过多的野生动物和家养动物混合在一起,摆放没有明确的方向性或目的性。阿尔达也在故事中告诉我们,一些好动物走向邪恶世界,变成了坏动物。

动物们饿了,喂养它们的男人丢下它们,并没有留下充足的食物。而且男人的妻子也不见了。如果说这并不是遗弃的话，那动物们也基本上完全被忽略了。它们的需求没办法得到满足。不过沙盘中有两个积极母性的形象，一个是生两只小羊的羊妈妈，一个是带着熊宝宝的熊妈妈。大量动物的出现也许暗示着，由于家庭中的动荡一下子激发了阿尔达内心大量的本能和情绪。就像我们之前所看到的，一个没有得到足够照顾的孩子，他的情感需求没有得到满足，这种时候他也许会向内寻求自己内心的支持。即使处在混乱和混沌之中，阿尔达还是获得了内心两个母亲原型的支持。这是个很积极的发展。

另外可以获得的心理资源，是两位神灵。阿尔达说如果可以说出正确的咒语，他们就可以帮助动物。沙盘右上角的两只小鸟增强了这种与心灵的连接。纵观阿尔达的沙盘作品，我们可以发现她与精神力量的内在联系胜过她与自己的联系。初始沙盘中她使用了羽毛和小猴子。沙盘 2 中小猴子变成了黑人女性的帮手。沙盘 3 中她在克利须那神的脚边放了海星，沙盘 4 里飞鸟和蝴蝶代表着与心灵的连接。考虑到她支持系统匮乏的现实生活，阿尔达能够与神灵(宗教)保持紧密的关系是令人感到鼓舞的。

最后，以阿尔达习惯性的表达方式故事还是圆满结局，丈夫解救了妻子，他们带着财宝一起回了家，照看他们的动物。遗憾的是，这样一个欢乐的结局却让人觉得并不真实可信。

阿尔达沙盘 7

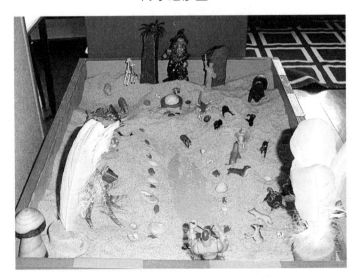

阿尔达沙盘 7a 从沙盘左边看的视角

阿尔达沙盘 7b 细节

阿尔达的故事
沙盘 7

熊和女记者

很久以前有一个有权力的男人，他守卫着地球。一个女记者一直在暗中监视他并企图为报纸提供些信息。她写了些关于这个男人和他的蜘蛛的报道。这个贝壳拥有魔力，是蜘蛛的家。男人的仆人发现并抓住了女记者。他问自己的主人该如何处置她。男人说："把她和狐狸、黑豹关在一起。"

一个财神拥有着财宝箱，他说，这个有权力的男人将变得邪恶并将拥有许多的动物，但他对动物们并不好。当动物们咆叫或淘气时，这个男人就会报复它们并把它们变成雕像。他把海豹、恐龙、山羊、大猩猩、河马和乌龟都变成了雕像。

熊和女记者成功地逃离了这个男人的魔掌，因为狱卒害怕熊。熊变成了女记者的宠物。男人曾与熊做过一个交易，一旦熊重获自由，它将拥有这个男人身上很多的法力。后来，雕像再次变回了活生生的动物。它们比以前更好了，大家都幸福平安地生活着。

讨论

阿尔达沙盘 7

这次阿尔达制作沙盘很专注，看起来更有安全感一些。她的故事是关于一个无情的男人，这个男人对其他人和动物都不好。黑人女性在这里以记者的身份又出现了，她在收集关于这个男人的信息，并发表在报纸上。在这里，阿尔达内心一部分的女性特质开始探寻自己真实生活的情况。她已经准备好直接面对家庭给自己带来的痛苦和伤害。不过这位黑人女性被强权统治者的强壮仆人抓获，置身于险恶的境地(沙盘左侧)。尽管阿尔达想发掘尽量多的真相，但是她意识到自己是名"俘虏"并且无力去做任何事。当阿尔达讲到许多属于魔法师的动物因为不服从魔法师而被惩罚变成了雕像时，这种无力无助感在反复出现。它们(动物们)别无选择，它们不敢质疑魔法师，否则他将置它们于死地。

女记者和仆人面对着邪恶的男人(沙盘对面，沙盘右侧中间)，他站在两个石柱子中间，在石柱顶端是他的宠物蜘蛛。如同沙盘 4 中一样，这里蜘蛛又变成了负面危险男性力量的宠物。沙盘 7 里，阿尔达告诉我们蜘蛛住在大贝壳里。在贝壳的前面，她掩埋了一个小盒子的一部分，盒子里装满了小财宝：一片树叶和一块彩色的石头。这些珍贵的东西对蜘蛛来说唾手可得。阿尔达重复了沙盘 4 中的主题，她无法指望得到一个听命于危险男人的母亲的保护。她需要一个拥有强大女性力量的母亲，这位母亲可以像母熊护仔一样保护自己的孩子。在故事的结尾，阿尔达象征性地将女人和熊联系在了一起，融合成一个母亲原型。代表着这种积极母性力量的是两组母子组合。在沙盘靠近中央的位置，有一只乌龟和刚从蛋里孵化出来的小龟，在沙盘右上方靠近魔法师和他可怕的宠物，有一只长颈鹿妈妈和她的宝宝。长颈鹿靠近邪恶的男人，似乎是在强调阿尔达无法从生活中的父母身上获得较好的抚育，只能从潜意识中自己内心的资源里获得自我滋养养育的品质。

在制作沙盘时，阿尔达一开始是将蝎子、章鱼和犀牛放在中央区域的湖里的。后来她将这些危险的动物移动到了沙盘右上角的小湖里，并用红豆和石头摆出了漂亮的图形来勾勒出中央大湖的轮廓。也许她在扫除障碍、开拓道路或为黑人女性指明接下来的方向。也许她在将湖标注出来，作为黑人女性可以进入的神圣地带。即使这样，在游戏的最后，她抬起头说道："就这样吧！"她又快速地放了一只鳄鱼和一只恐龙，似乎是在强调一个久远的话题，她仍然背负着负面的母性力量。

阿尔达沙盘 8

阿尔达沙盘 8a

阿尔达沙盘 8b

阿尔达的故事
沙盘 8

愿望

有个男人，他并不是真正的领袖，但他是这个国家的首领。有许多外来者来到这个国家。这并不是一片真正的陆地，而是一个岛屿。外来者来到这儿，四处张望。

如果你发现了一个魔法蛋，你就可以实现五个愿望。拥有魔法蛋的是个男人，他遭遇了一场事故。有个蜘蛛侠他拥有一片树叶，树叶并没有魔法，它是邪恶的。但是他能用这片树叶让这个世界停止运转。在花下面，上锁的箱子里有个面具。（阿尔达没找到面具，所以她说在箱子里有个能"让人变化"的面具。）

当你戴上面具，你会变得很强壮，也会变得有点滑稽。

有个小女孩努力想得到树叶、魔蛋和面具，但她没有成功。拥有魔蛋的男人也拥有面具，他是首领的好朋友。他们年轻时，是生意上的伙伴，但后来他遭遇了一场事故。首领得到了一切，但是当他拿到魔蛋时，受伤男人的脸（他的朋友）浮现在眼前，他说还有其他人生活在这个世界上，我不应该仅为自己许愿。首领反复思考着这个问题。他许了四个愿望。第一个愿望：自己变得富有；第二个愿望：每个人都愿意听从他的话；第三个愿望：他可以做自己想做的任何事情；第四个愿望：自己拥有一个善良贤惠的妻子。接着精灵来到他的身边，首领收回了所有的愿望，除了想要一个好妻子。后来，这个国家变得越来越好，雨水和动物也来到了这块土地。

她讲完故事后，补充道：

小矮人们居住在大石头里。瓶子里有毒药——并不是真的毒药，只是对付动物和外来者的。花儿前面的蓝色石头能够讲述天气情况。你仔细看着它，天气的画面就会出现。外来者看着手套和鞋子（上方中央位置的平台上）。

讨论

阿尔达沙盘8

虽然阿尔达的故事听起来有点混乱，但是在沙盘8里她做了一些很重要的工作。在这一盘里，阿尔达用长羽毛标注了沙盘的四个角。我们之前讨论过，羽毛承载着灵魂心灵。羽毛来自飞鸟，而鸟可以冲破云端，飞往更高远的地方。当沙盘四个角上都摆放了相似的竖直的或者有神圣感的物体，往往意味着来访者的心灵来到了一个重要的临界点，沙盘内的信息是具有重大意义的。来访者对沙盘内四个角的关注，代表着他将沙盘内将呈现的信息和内容设置在一个框架里。有时候，四个角落可以为沙盘里产生的内容提供额外的容纳。同样，四个角落也可能是一个神圣的区域。阿尔达使用长羽毛增加了空间的三维立体感，显现出下与上的沟通连接。这就像地狱与天堂的连接，是生命中心灵维度的原型表达（Eliade，1974）。由于数字四和四角形成的方形形状都代表着大地和现实世界的原型，使用羽毛来标注四个角，就是将现实生活中的心灵品

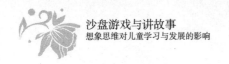

质变得扎实牢固。

在左上角，阿尔达用珠宝和松果精心的装饰了一块大石头，进一步确立了她的内心工作是稳定而珍贵的，或者说这就是自性的特点。她还围绕着这个神圣的地方，放了三块漂亮的黑曜石。

在沙盘上方中央位置，阿尔达创造了一个有点像床的物件，用红白相间的手绢盖在了上面，看起来很像溅满了鲜血。在手绢上，她小心地摆放了一个小女孩的一些东西：一双小手套、一双红色小鞋、一枚红色胸针和一片白色的小羽毛。也许这里就是阿尔达内心的祭坛，来祭奠她失去的珍贵的童年：她处理事情的能力(手套)、坚定的基础(没人穿的鞋子)、她的美丽(彩色的宝石胸针)和她的天真(羽毛)。

阿尔达在这个祭坛底下埋了一个大的心形盒子。也许这就是性暴力发生的地点，让她的爱被埋葬、变得隐秘、不可见的地点。值得注意的是这个像床一样的物件，就处在神圣岩石(左边)和自私的吸血鬼(右边)中间。在神圣力量的支持下，阿尔达终于可以面对伤害她的人、面对自己的遭遇和自己所经历的痛苦。

阿尔达把男人描述成是一个首领，但强调说他并不是一个真的领袖。他统治着世界却没有照顾和引领他的子民。在他身边有两瓶毒药，以此来强调他存在的危险性。故事中出现的另外两名男性进一步呈现了男性力量的匮乏。一个是可以停止世界运转的蜘蛛人，另一个男人受了伤。受伤的男人拥有魔法蛋和可以让他假装强壮幽默的面具。所有这些男性角色似乎都在描述她酗酒的父亲：他有成瓶的毒药、他有时表现的强壮有趣、他是名不称职的父亲，而是一个有毒性会吞食的蜘蛛变异人。

在沙盘左侧，阿尔达用贝壳和珠宝创造了一个小祭坛。她将黑蜘蛛放在了祭坛里，并用一条小链子将这里围起来。在这个小祭坛的右边，阿尔达埋了一个小的心形盒子，并在上面放了一朵花。祭坛正前方是那块可以预报天气的蓝色石头。阿尔达用石子和红豆做了一条从沙盘右上角首领的位置通往这个小祭坛的道路。在沙盘左上角精心装饰的大石头代表着坚定有力量的自性，在自性的帮助下，阿尔达可以面对她曾遭受的虐待和痛苦。接着她用一条彩色的道路将虐待自己的人和圣神的小祭坛联系在一起。面对自己的创伤，阿尔达失去了自己的童真，并意识到她的痛苦经历就是她生命历程的一部分。从心理上说，这只有吞噬性的蜘蛛不能再将阿尔达置于自己股掌之中，因为从现在起阿尔达将跟随自己内心神圣自性的力量前行。为了强调这种新生的自由和正在发展中的能力，阿尔达将自由女神像放在了左下角，将灯塔放在了右下角。

阿尔达最后放进沙盘的就是小祭坛前面的蓝色石头，并说可以在这里看到天气，可以看到空中的阴晴，看到真实的情况是什么样的。尽管父亲依然是阿尔达现实生活中的一个威胁，但是现在她有了良性的心理结构来清楚地分辨他的错误行为，并了解真实的自己。我们希望她能够充分地支持和滋养内心这尚处于萌芽阶段的觉知，让它充分发展强大，希望她功能失调的家庭不再发生阻碍她成长的冲突事件。

阿尔达沙盘 9

阿尔达沙盘 **9a**

阿尔达沙盘 **9b**

阿尔达沙盘 9c

阿尔达沙盘 9d

阿尔达的故事

沙盘9

贫穷或富有

这是一个世界，然后有了第二个世界。

一边是一个拥有很多食物和昂贵东西的富有女人，另一边是一对贫穷、没有很多东西吃的夫妇。

有钱的女人想要满满的一盘食物，然后再吃点甜点。这对夫妇也有一些食物，但是他们只有一个装着一些鱼的贝壳。他们只能重复吃同样的东西。有钱女人到海滨去，想买来更多的食物。她看到了一个里面装有魔法石、金子和六个愿望的盒子。她去找到那个贫穷的男人，告诉了他这件事。男人说这是上帝的礼物。

几周之后，报纸上出现了有关魔力许愿石的报道。富有的女人很自私，她带着自己的狗去寻找那个宝石。她找到了那个装有宝石的盒子。在她使用完五个愿望之后，一个精灵从盒子里出来，告诉她世界上不仅仅只有她一个人。精灵说世界上还有很多人没有什么东西吃。随后精灵不见了，富有女人许愿希望她能收回之前的五个愿望。她现在希望世界可以变得更美好，人们有更多的食物可以吃，可以住在更好的房子里。

当那对夫妇回到家之后，他们的碗里装满了肉。一架直升机在等着他们，带他们去探望自己的家人。他们就那样幸福地生活着，拥有足够的食物。但在夫妇居住的地方有危险的动物，夫妇处境很危险。富有的女人并不开心。

讨论

阿尔达沙盘9

在阿尔达的上一个沙盘中，她面对了自己所经历的痛苦和虐待，接纳了这个事实，并将她的痛苦和丧失都交给了神圣的自性。在沙盘9中，她开始把对自己经历的新的理解整合到对自我更成熟的认识中去。她将沙盘分为两个世界，一个富裕丰沛，另一个贫困危险，形成了鲜明的对比。在她的故事里，阿尔达刻画了两个世界之间的失衡，告诉我们一个世界是繁荣兴旺的但却自我中心，另一个世界是艰难险恶的。

在与智慧的精灵相遇后，富有的妇女开始更关心他人，而不仅仅是自己。虽然她使用最后的魔法愿望创造了一个更美好的世界，人们拥有了更好的房子，有了充足的食物，但许多危险依然存在，而且贫穷的夫妇也处于危险之

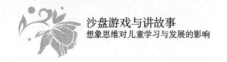

中。阿尔达说，这个故事的寓意是告诉人不要自私，富有不等于幸福。

阿尔达用一座桥连接了故事中的两个世界，在两种非常不同的心理品质之间建立起了联系。当阿尔达试图平衡或将她的新资源整合进人格中匮乏的那部分时，许多威胁仍然存在。也许在她生命的这个阶段，太多的伤害导致了这种状态。尽管存在这些持续的挑战，我们还是在沙盘里看到了新的心理品质(许多成对的沙具)的出现。两只海豚、两只海马、两对狗和一对乌龟以及它们刚刚孵化出来的龟宝宝。关于数字的象征意义，我们之前提到成对的沙具代表着新的心理品质正在涌现。我们可以认为这是一个"一生二，二生三"的过程。所以数字三代表着这些新生的能量正在发展(Eastwood，2002)。他们是动态、成长的。

海豚具有爱嬉戏、聪明的特点。另外，当鲸鱼生仔的时候，海豚还是众所周知的产婆(Waldau，2006)。象征意义上，海豚帮助促进内心新的发展。

海马的象征意义在阿尔达的沙盘中尤其重要。正如我们之前所讨论过的，在自然界中，胚胎发育时，是由雄性海马负责孕育的(Indiviglio，2001)。他们是优秀的、体贴的、关心保护孩子的父亲。也许这对海马表明，阿尔达的内在心灵在触碰父亲原型。在她的内心世界能获得好的父亲能量，可以让她发展出新的心理品质，这些品质可以让她与有控制性的父亲建立起更良性健康的关系。这些品质包括惩罚与爱护之间的平衡，这平衡将支持并指导着她继续成长为一个成年女性。这种潜在的完整性以五角海星的形式不断地重复着，五角海星象征着人类，正如达·芬奇名画《维特鲁威人》中一样，完整的人形：两只胳膊，两条腿，和头。由于这个象征频繁出现，所以我们在这里更深入地探讨一下。

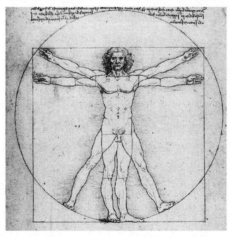

列奥纳多·达·芬奇的《维特鲁威人》

补充一些关于这个人物的背景知识：马库斯·维特鲁威(Marcus Vitruvius)是公元前一世纪的罗马建筑师，他写了《论建筑》，这是一本有关建筑结构的著作，在描述关于一座寺庙的结构平衡中，他说道：

> 同样，在一座寺庙建筑的不同结构中，各部分对于整体的对称关系，应该是整体结构中最和谐的部分。而且同样的，在人体结构中，人的中心点就是肚脐。如果一个人平躺，延展四肢。以肚脐为圆心来画圆，那么他的手指和脚趾将都在圆周上。就像人体可以这样画出一个圆一样，人体也可以画出一个方形。如果我们测量一个人从脚跟到头顶的距离，再测量这个人两臂向左右伸直的距离，我们会得到两个完全一样的数字，这就形成了长宽一致的标准正方形。(Vitruvius，2008，p. 3)

达·芬奇看到了维特鲁威的笔记，然后画出了这幅世界名画。图中的人物极具象征意义，因为它将人形的五个点的图形和方与圆都整合在了一起。

虽然阿尔达通过沙盘游戏唤醒了许多内心非常积极的心理潜能，但在紧张的家庭环境下，她能真正实现多少这些潜能，我们还未可知。故事结尾处的模棱两可，似乎也表明她努力的结果如何是不确定的。阿尔达说，富有的女人并不开心，贫穷的夫妇有了充足的食物生活得更好，但他们还必须对付危险的动物。如果这些强大的潜能不能在她的童年时期得以实现，那我们期望她可以在成年后继续培养这些潜能。

阿尔达沙盘 10

阿尔达沙盘 10a

阿尔达沙盘 10b

阿尔达沙盘 10c

阿尔达沙盘 10d

阿尔达的故事
沙盘 10

处境危险的姐妹

从前有两个姐妹，由于长时间没见到她们的父母，她们便一起去寻找他们。她们去了外国。当那个女孩试着找些吃的的时候，一只猎豹跳了出来，扑倒在她身上。黑色美洲豹吓跑了猎豹。猎豹跑走后，女孩的姐姐把她救了出来。

一个卑鄙的男人把她们的父母藏了起来，并令蜘蛛将他们变成了大蛇。有一只有点善心的熊。它扑到男人的身上。就在这时，男人向姐姐开了一枪，但是没打中。

这只鸟儿很善良，它帮助姐姐救出了妹妹。他们决定再也不来这个国家了。最开心的是，他们找到了自己的父母，但是蜘蛛已经把他们变成了蛇。后来妈妈和爸爸再次变回成人，然后带着两姐妹去了卡纳里（Canary）。

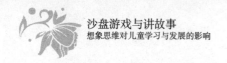
讨论

阿尔达沙盘 10

在这次制作过程中，阿尔达做得很慢，因为她得了严重的流感刚刚康复。她创造了一个有巨蛇和野生大猫的大丛林。她最后的动作是将蜘蛛放在了沙盘左上角的羽毛房子里。她讲述了一对姐妹寻找失踪的父母变成巨蛇的故事。两姐妹联手将父母变回了人形，并且经历了许多危险的考验。从象征意义上来看，阿尔达清楚地意识到她所需要的来自父母的抚育关爱是缺失的，事实上现实的家庭是危险的。在沙盘 9 中成对地代表积极父性能量的海马，在沙盘 10 中发展成更有意识地去探寻获得自己内在的父母原型。尽管有危险，女孩们却得到了强大动物力量的保护，让他们远离了危险。美洲豹把猎豹吓跑，熊攻击了用枪威吓女孩的男人。由于在自然界野生动物都是做出本能的行为，他们也就具有了相应能量的象征意义。阿尔达在这个沙盘中激活了自己的本能来保护自己。

沙盘 10 中再现了危险和积极元素的冲突性混合。正如我们讨论过的，可以编织出像曼陀罗一样织网的蜘蛛，可以代表着命脉编织者的积极能量。而另一面蜘蛛也代表着消极、具有毁灭性的女性能量。在阿尔达的故事中这是一只邪恶的蜘蛛。它充满危险的靠近着左上角羽毛房子里珍贵的小粉花。同时，沙盘中央出现了海星、三只乌龟和大量绿色植物，这是积极的治愈和转化能量的聚集。

在经历过许多危险后，姐妹俩找到了已经被邪恶蜘蛛变成蛇的父母。在故事的结尾，父母又变回了人形，并带着女孩们去了卡纳里，这是个冰岛的度假胜地。这样全家度假旅行的欢乐结局是想象出来的，它与沙盘和故事中的危险内容自相矛盾。虽然野生动物出现在了家里，并在自然环境中舒适自在，并且其中一些动物是好的帮助人的，但我们注意到，在沙盘右上角的山脚下，阿尔达还是将猎豹放在了小女孩的喉咙边。阿尔达将沙盘命名为"处境危险的姐妹"，尽管有许多帮手和她已发展的内心资源，这对姐妹看起来的确还身处险境。

阿尔达沙盘 11

阿尔达沙盘 11a

阿尔达沙盘 11b

阿尔达的故事

沙盘 11

侄女

　　有一家人邀请了印度安人、海盗、小矮人和王子们去赴宴。宴会非常快乐。这是房子和车库(左上角)，花园里有食物和火把。叔叔坐在火把前的椅子上讲故事。这个女人（穿红色衣服，躺在沙盘中央）是这个男人的姐妹。她并不是真的有危险，但她被下了咒语。她的妈妈（左上方）是那个黑头发的女人，她的爸爸是个海盗。她的足迹出现在房子后面，熊叫来了一名保安，又叫来了其他动物一起帮忙。那女人拿走了一把钥匙，这把钥匙可以打开储藏室的门，储藏室保管着一颗可以统治世界的宝石。宝石消失的时候，保安失去了自己的法力。

他们四处寻找宝石，最终找到了，熊一家再次得到了宝石。女人进了监狱，但她保留了一小块宝石，并把它镶在耳环上。她继续统治着世界。当她出狱的时候，每个人又再次成了好朋友。

若干年后，小矮人一家又举办了一个派对，邀请了熊、印度安人和海盗。结果失火了，但是他们很快将火给扑灭了。

讨论

阿尔达沙盘 11

沙盘里有一场欢乐的派对，但在中央位置一个悲惨的故事却呈现出来。阿尔达说侄女被下了咒语，她偷走了那个可以让她统治世界的宝石。当事情败露后，她被关进了监狱。不过她保留了一小块宝石并"继续统治世界"。她因自己的勇气和一小部分宝石的能量而被囚禁。在她被释放后，所有人都和解了，但情况依然岌岌可危。为什么年轻的女性力量必须要通过偷盗珠宝（可以赋予她掌控自己生活的力量）来获得？也许是因为她受到了外界的惩罚，因为她争取了生而具有的自主权。最终，侄女只保有残余的一点点力量。

沙盘游戏快要结束了（12 次），阿尔达在这盘里又重复了之前许多盘中出现的成长与失去的主题。在沙盘 11 中，在伪装的欢乐派对主题中其实是一种失去了希望的悲伤氛围。阿尔达意识到，尽管她尽了最大的努力，但她紧紧抓着不放的只是自性的一点点碎片。她的生活根本无法为她提供她所需的安全和支持，来探索、培养、发展她的人格。尽管她继续有意识的努力让事情看起来更积极可接受，但她的潜意识已经揭示了她对命运的绝望。这种潜藏在意识以下的焦虑感表现在沙盘中的过度拥挤和焦躁不安，侄女并没有站在沙盘中，而是俯卧在那里。维京海盗、小矮人和王子都是派对的客人，而吸血的德拉库拉（吸血鬼）就躺在床上（靠近沙盘中央显眼的位置）。另外，上一盘中就在小女孩喉咙边上的猎豹，现在在沙盘的中心位置。上一盘中装满了财宝被埋起来的两个心形盒子，在这里彻底被打开，里面什么都没有。她不再希望去发现宝藏了。

阿尔达知道她还有最后一节沙盘游戏课。尽管在这个过程中，她勇敢地面对了一些恐怖的经历，也拥有了许多心理力量，但是我们没有看到所期望的，在这个阶段沙盘里该出现的问题的解决和接近结束的迹象。阿尔达似乎有了这样的一种认识，她的家庭环境不可能支持她的发展，她唯一可以做的就是紧紧抓住那一丁点珠宝，努力活下去。

阿尔达沙盘 12

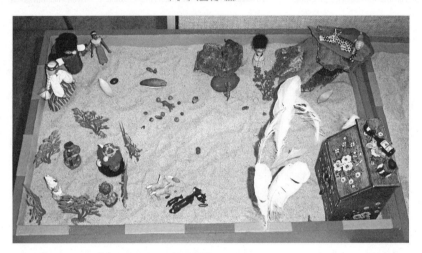

阿尔达沙盘 **12a**

阿尔达沙盘 **12b**

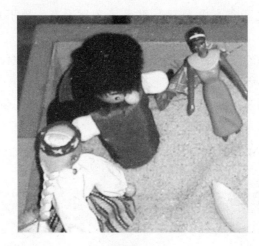

阿尔达沙盘 12c

阿尔达的故事
沙盘 12

魔法书

他们(印度安人，小矮人和海盗)正在举行一个关于改变世界的会议。这个女人(黑发，右上方)过生日。她是狮子和美洲豹的王后。她得到了一只狮子宝宝作为生日礼物，但她并不想要。她想要在那个山洞里的一本魔法书。有了它，她就可以统治世界。除了她的丈夫和两个女儿(过去曾是有钱女孩)，没人听过说魔法书。打开箱子的钥匙就在狮子的洞穴，但没有人知道。拥有它的男人消失了，变成了看上去像男人的石头。女儿们曾有许多马，但国王从她们那里抢了过来，现在马属于国王。

有一天，王后正在整理狮子的洞穴，她找到了钥匙。她很高兴，但不知道钥匙可以打开哪把锁。她去了宝石洞穴，试了下钥匙，没有打开。她又试了一次，听到了音乐声，是石头人在唱歌。女王开了锁，得到了魔法书和王冠。她希望自己能统治世界，能让她的孩子(两个女儿)回来。她希望她的丈夫(国王)不再替她决定她应该做的事情。

印度安人、小矮人和海盗(左下)正在讨论他们如何帮助女王摆脱国王。他们把一只苍蝇放在国王的汤里戏弄他。最终国王离开了，去了埃及统治那里。很快他离开了埃及，去了冰岛，在那里他只统治了一段时间，但却学会了如何发号施令，而不是太固执己见。

他返回到自己的国家。起初，没有人愿意跟他说话，但之后人们发现他们可以信任他。他又一次成为国王并又娶了王后一次。她变得更加有趣和幽默。女儿们重获自由，并重新得到了她们的马。

讨论

阿尔达沙盘 12

随着阿尔达的沙盘游戏接近尾声，她讲了一个故事来总结她的家庭。一位父亲(坏国王)，从两个女儿手中夺走了马。马是他们的交通工具和个人权力的象征。他的妻子，尽管是个和野生大猫一起生活的强大女人，却完全在他的控制和影响下，要遵从他的命令。阿尔达通过故事的形式表达着希望让父亲远离这个家庭的愿望。最后她用经典的试图让一切都好起来的方式，让故事有了令人难以置信的结局，父亲回来了，变成了一个善良值得信赖的男人。

然而她沙盘里的内容却与这个大团圆结局不符。阿尔达最后的动作是将拿着酒瓶的倾斜的猪放在蓝色梳妆台上的老男人和老女人之间，并在沙盘中央撒了一些红豆和浆果。在之前的沙盘中，这些浆果都是有毒的。有毒的浆果和抱着酒瓶懒惰的猪都毫无疑问地直接指向父亲的酗酒状态，而这又被她的父母所掩饰保护着。

阿尔达已经在她的 12 个沙盘里做了巨大而勇敢的努力。她获得了许多内心的资源，并尽了自己最大的努力去不断释放这些力量，将它们与拥有健康心理的生活目标相整合。但阿尔达无法控制她的生活现状，危险依然潜在。我们只能祝愿她，一旦可以摆脱家庭对自己的痛苦影响，在沙盘游戏过程中所获得的力量可以继续帮助她疗愈和发展。

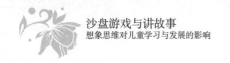

菲利普：8 岁的三年级男孩

个案概述

菲利普是一个可爱清秀的男孩。他比较安静，总是沉浸在自己的世界里。他的老师和父母都比较关注他的"奇特想法和行为"。老师反映，当她向全班说明一些事项时，菲利普好像总是听不到，而需要其他人一对一再单独给他讲一遍。并且为了让他明白老师的要求，讲的时候要一直看着他的眼睛。老师强调说，菲利普走神的倾向很严重，所以他不能坐在靠窗的位置，否则他会"……瞬间走神"。他经常会陷入自己的幻想世界里，很难把他从幻想世界拖回现实中来。他满脑子都是想象游戏，尤其喜欢和一个同学玩，他经常在桌子底下玩手指或课间休息在室外时玩手指。他很容易被环境干扰，对声音、气味或画面过度敏感。菲利普在课堂上也总是心不在焉，有时甚至会退行到很小孩子的行为表现。他胆子很小。菲利普有良好的社会支持系统，他的父母、祖父母都很关爱他，经常与他聊天，给他读书讲故事。他的词汇量很丰富。

老师说，菲利普自我评价很低，对自己很苛刻，经常自责。每当他自责的时候，就会情绪低落、大哭并坚持都是自己的错。菲利普的同学们都认为他很善良，并且经常跟他说，他是个很好的人。有一次，他不小心踩到了一块木头，打到了一个女同学的脸上，她出血了，他极度自责伤心。被打到的小女孩跑到菲利普身边，告诉他不怪他，没事儿的，想尽办法来安慰他都无济于事。

在韦氏儿童智力测验（WISC）中，他的得分低于平均分，智商为（71/80）。学年结束时，他的言语理解有了显著进步（82/102）增长了 20 分。据他的父母反馈，在学年开始时，菲利普与同学相比，表现得更为焦虑、抑郁、自我贬低、心神不宁和注意力难以集中。根据父母的评估，他的症状表现已经达到阿肯巴克行为量表（Achenbach Scale）的临床临界值。学年结束的时候，这些症状以及他奇怪的想法和行为都已减少了许多。父母还报告他的焦虑情绪大大减少。相比之下，老师在学年开始时，对菲利普阿肯巴克行为量表（Achenbach Scale）的评估分数完全在临床临界值以下。学年结束时，老师的评估与父母的评估一致：菲利普的焦虑和抑郁情绪减少了。

学年开始时，菲利普的父母认为他有注意力缺陷障碍（ADD）的症状，并达到临床临界值。学年结束时，症状明显减少。老师在学年开始时，也报告了他有一些 ADD 的症状，在学年结束时，老师认为这些症状减少了差不多 50%。学年开始时，父母报告菲利普有过动症的症状，但是在学年结束时显著减少。但老师并没有报告他有多动症的症状。学年结束时，菲利普的自我评价高于平均水平。他在阅读方面也取得了进步，并高于班级的平均水平。但是他在数学方面的进步很小，几乎没有什么进步。

菲利普对玩沙盘游戏非常感兴趣，制作的过程中他沉浸其中、一丝不苟。他通常是边玩边说，介绍自己在做些什么。他对自己的作品很满意，并经常问治疗师她有没有发现他的作品"太棒了"。菲利普的沙盘作品画面很优美，颇有个人化的风格。他一旦将沙具放进沙盘，就很少再移动，但有时会对沙具进行细微的调整，把它们摆在自己希望的准确位置上。他很少动沙。从没有使用大量的水，他用水的目的主要是为了制作流沙。一些沙具在他的沙盘里重复出现：彩色的石子(宝藏)在每一盘里都会出现，男人、士兵和树木出现了十次(十盘)。有八个沙盘中重复出现了雕像、房子、花瓶和一个宝藏箱。十盘里出现的人类都是男性，只有两盘里出现女性。其中一盘里，还出现了不明性别的外星人。

故事主题有很多，并反复出现。在 11 个沙盘里出现了对立、斗争和财富。救援人员出现了八次，危险出现了七次，旅程出现了六次，魔法出现了五次。菲利普讲起故事比较轻松，他的想象力很丰富。他的故事都是关于寻宝和战争的。即使讲到这些激烈的行为和打斗，他的声调依然平静温和，这也反映出他个性中的敏感。他故事的名字大多充满冒险意味。比如：《美丽丛林与危险雕像》《海盗游乐场的秘密》《神龙大侠与大龙》等。菲利普的故事画面感较强，有时是受到他看过的电影的影响。他所有的故事都有美好的结局。通常他会用满自己的 40 分钟来玩沙盘和讲故事。

菲利普沙盘 1

菲利普沙盘 1a

菲利普沙盘 1b

菲利普沙盘 1a 分区

菲利普的故事

沙盘 1

丛林里的宝藏

从前在非洲，那里充满了危险。人们请牛仔们来保护他们的领土。那里也有印度安人。

据说在森林里有一个巨大的宝藏，士兵们拥有这个宝藏。

有一天，来了一位侦探。他悄悄地从印度安人和恐龙身边溜过。他警告士兵，如果不给他一点宝藏，牛仔们就会来攻击他们。本来是牛仔们拥有的宝藏，但因为士兵们侵略了这里，占有了宝藏。后来士兵们给了侦探一点宝藏，侦探走了，并分了一些宝藏给人民。

制作过程中治疗师的备注：

菲利普首先摆放了房子，然后将水倒进烛台里，说道："献给上帝。"

当他放乌龟的时候，他说，"（乌龟）它们就在手边"。菲利普将拿着公文箱的人当作侦探。

"牛仔和印度安人都是好人，士兵是坏人"，他说。

讨论

菲利普沙盘1

菲利普将他的初始沙盘分成了四个不同的区域，彼此之间没有什么联系。在对角线上，右上角是一个村庄或日常生活的场景，相对应的左下角有大量的财宝，但有点混乱。另一组对角线上，两边都是危险、混沌的能量。右下角尤其让人有威胁感，水域界限模糊，船不在水里，有致命的"流沙"，小池塘里挤满了大型海洋生物。菲利普有大量的内在"财富"，但是沙盘对角上毫无生机的村庄说明这些"财富"、资源，并没有出现在日常生活中。从菲利普的初始沙盘，我们看到菲利普在接下来的沙盘游戏历程中需要解决的问题可能是要将自己的内心资源整合到日常生活中去。为了完成这个目标，他需要处理在另一组对角线上的那些危险的阴暗力量。

菲利普讲述的精巧故事和仔细建造的沙盘都展示了他的语言能力和空间能力。然而这与现实生活中的他却有明显的差距，似乎他的天赋并不能在学校中有效地表现出来。所以，他必须要找到解决方法将这些似乎彼此隔绝的心理功能连接起来，并将它们整合起来成为一个可以有效工作的整体。

在故事中，是一名侦探潜入了被偷走的宝藏区域并归还了一小部分宝藏给它原有的主人。侦探跨越了边界（跨越了沙盘中各独立区域的界限），充当了连接两个不同区域的桥梁的作用。侦探是探索、调查并解决谜题的人。这名侦探象征着菲利普内心可以解决他困境的强大而充满希望的内心资源。有趣的是，侦探手里提着一个蓝色公文箱，而蓝色总是与神灵有关。在印度教中，和毗湿奴有关的神都被描画成有蓝色的皮肤（Reyna，1993）。在天主教里，蓝色与圣母玛利亚有关（Glazier & Hellwing，2004），而在犹太教中，蓝色代表着神的光辉，所以被使用在宗教仪式中穿着的圣袍上（Goodenough，1992）。

　　在靠近沙盘中心的位置菲利普放了一座塔，一个教堂和一只恐龙。也许这是对他接下来沙盘游戏历程中需要解决问题的一个总结。塔的外形有点像男性的生殖器，也许菲利普需要处理与这个塔即男性力量有关的一些问题，另外，塔这种向上、向高空竖起的外形，也许也代表着脑神经方面的变化。恐龙的存在提醒我们，菲利普需要解决的是一个由来已久的问题。而教堂也反映了蓝色手提箱所代表的是心灵方面的问题。菲利普的沙盘之旅可能需要解决的是他思维过程中的一些问题。而这些问题可能产生于他早期的脑神经发育过程。为了克服这些障碍，他需要依靠自己的心灵、真实的自我、或者说自性。菲利普进一步展示了他的灵性，他将水加入烛台里，并问治疗师是否知道这代表着什么意义。他说："……献给上帝。"侦探旁边有一对乌龟。当菲利普放这两只乌龟的时候，他说："它们就在手边!"是的，它们的确是。从象征意义上，乌龟代表着整合完整的品质。它有圆形的龟背和方形的肚子，所以这种生物很好地将代表男性力量的圆形(原型形状)与代表女性力量的方形(原型形状)整合在一起。它们靠近提着蓝色手提箱的侦探，更增加了菲利普沙盘游戏中治愈的潜能。

　　根据现代科学对注意缺陷多动障碍(ADHD)的研究，菲利普在初始沙盘中的这种区域分割是比较典型的，最新研究认为导致这种障碍的主要原因，与大脑前额叶皮质层的"执行功能"障碍有关(Biederman, Monuteaux, Doyle, Seidman, Wilens, Ferrero, Morgan & Faraone, 2004)。而这个区域是大脑综合(信息)、评估(信息)、并制订行动计划的区域。它必须分辨出什么是对什么是错，不同选择相对应的结果各是什么样的，并依据自己的目标做出选择。这个领域的最新研究趋势，并不把ADHD看作一种静态的、神经系统的、心理或生理性的缺陷，而是一种大脑中潜在的待开发的功能。以这样的视角来看待ADHD，也就意味着我们可以通过激发这些潜在的待开发功能来治愈这种障碍。

　　而这过程中涉及的"执行功能"是复杂而多样的。包括了输入和加工感觉信息，并根据这些信息做出决策。这是一个错综复杂的心理过程，尤其是每个孩子都有不同的感觉信息加工方式。如果一名儿童在一个或多个感觉输入通道上的感觉敏感性或高或低的话，他(她)就会使用错误的信息进行决策(Greenspan & Wieder, 2009)。来自感觉的不舒适或被曲解的信息通过边缘系统传递，而边缘系统又会根据这个信息产生系列的情绪情感。这就进一步扭曲了输入进来的神经信号。因此，当这样的神经信号被传送至大脑前额叶皮质层时，即使这个区域的脑功能发育是健康的，但本身接收到的这些信号就已经是错误的了。这种类型的错误信息加工过程，就会导致ADHD儿童或过高或过低的不同注意力风格。因此，ADHD 的儿童需要进行脑神经系统内"垂直方向的整合"，也就是从低级脑结构的信息输入到高级脑结构的信息输入的整合(尤其是这个个案中)，即通过边缘系统传送信息到大脑前额叶皮质层。ADHD 的儿童通常就是这两个脑区之间基本没有建立起连接或建立了错误的连接。我们知道菲利普有一系列感觉输入的问题，他的听觉、嗅觉和视觉的敏感度过高。诊断和治疗感觉缺陷也是心理治疗的一部分，在菲利普的初始沙盘中，他呈现出部分脑功能的彼此隔绝，也表达出在四个彼此独立的空间中建立起连接的愿望。因此，我们期待在接下来的沙盘中可以看到这些彼此分离的元素建立起有意义、有效的连接和整合。

菲利普沙盘 2

菲利普沙盘 **2a**

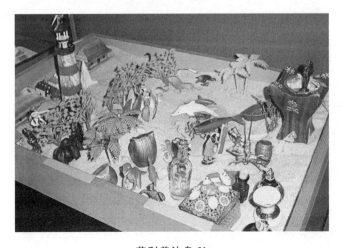

菲利普沙盘 **2b**

菲利普沙盘 2 分区

菲利普的故事
沙盘 2

美丽丛林和危险雕像

很久很久以前，有一群人住在一个岛上，他们生活得很幸福。一些人在丛林中发现了一个金字塔，金字塔很大。后来他们发现了一个雕像。他们把雕像带回家，当他们拂去雕像上的灰尘时，雕像的嘴张开了，冒出了一股烟。随着烟出来的，还有许多敌人，他们抢走了人们所有的金子。后来出来了一瓶毒药，鬼骑士出现了。

人们逃进丛林，让牛仔去把金子夺回来。丛林里很美。他们看到了一个堡垒和堡垒里一个带着一把斧头的印度安人。牛仔们继续赶路，找到了有雕像和鬼骑士的塔。他们被绳索绊倒，毒药瓶子的软木塞弹了出来。许多敌人的卫士来了。

最后一群牛仔来了，包围了敌人。他们把敌人抓住，锁在了监狱塔里。雕像和鬼骑士争论着入狱到底是谁的错。后来人们重新收回了自己的金子回家了。

讨论
菲利普沙盘 2

在这里，日常生活与原型世界连接在了一起。欢乐的小岛居民走进了丛林，发现了金字塔，而在象征意义上，金字塔的塔尖被看作心灵的最高点(De Vries，1984)。在丛林中，他们还发现了一尊雕像，并带回了家。这雕像很恐怖。当它表面的灰尘被拂去，它整个活了起来，接着从嘴里冒出烟雾，跑出了很多敌人抢走了人们的金子。牛仔被派去夺回金子，他们成功了，并带着金子回了家。在故事的结尾，敌人被抓获并被关进了监狱。

与上一盘相同，这里也分割成不同区域，有不同主题，同时也在尝试着进行区域之间的连接。不过这盘也有许多与上一盘不同的地方。在这一盘，沙盘内的空间被分为两部分，而不是四部分(上一盘)。并且相似的内容位置发生了变化，上一盘中在右上方的村庄场景在这一盘出现在左半边；而代表着原型世界，里面有被偷走的宝藏的丛林(上一盘在左下角)出现在右半边。整体上看，这一盘要比上一盘更有条理有秩序。宝藏更多地展露出来，更清晰可见。现在水域的界限更加清晰，里面都是海洋生物。船也做好了出海的准备。而且这里不再有流沙。

在牛仔们去找金子的路上，他们在一个小堡垒里看见了一个印度安人。印度安人的堡垒就在沙盘的中央位置。这似乎是连接沙盘两个区域的一个开始，也是第一次指出了沙盘的中心。

在沙盘2中，拥有积极能量动物的数量增加了很多。菲利普第一个放进这个沙盘的是一对猫头鹰，他把它们放在了沙盘下方中间的位置，一个在树前一个在树后。因为猫头鹰在自然界中的特性，它们被认为是智慧的象征。它们拥有敏锐的视觉，可以在黑暗中看清事物，可以大幅度转头对周围的一切进行360度无死角的观察(Waldau，2006)。三头大象，一头黑色，一头灰色，还有一头小白象，在向沙盘中心区域移动。大象是力量和忠诚的象征(De Vries，1984)。在自然界中大象可以清理出一条道路从而穿过最密集的丛林(Waldau，2006)。在象征意义上，大象代表着这些能力：清理道路、找到出路、清除障碍(de Gubernatis，1978)。在堡垒的周围还有三只小老鼠。在自然界中，老鼠会挖洞、打开入口。我们之前提到过，老鼠代表着有洞察力的思想和坚韧的行动力(de Gubernatis，1978)。在沙盘上方的中央位置有一只威武的狮子，另外上一盘中的两只乌龟又出现在这里。同时，上一盘里一些恐怖的动物也重复出现在这一盘，包括蝎子和一些恐龙，这些动物提醒着我们菲利普需要解决的问题有着较长的历史，而且直接面对这些问题是令人恐惧的。

在沙盘里有三尊神的雕像，代表着菲利普关注心灵的潜能。菲利普把一个佛祖的木制雕像放在村庄里，把一个印度教的神放在村庄里的牛仔前面，又把另一个印度教的神放在丛林中的烛台祭坛上。在菲利普的故事里，雕像从丛林被带回到了村庄。这种心灵的象征从原型世界进入日常生活中的变动，也表现在他将印度教的神同时放在了两个世界中。因此，菲利普在(心灵的)内在世界与(日常生活的)外在世界之间搭起了一座桥梁。

　　有趣的是，在故事里雕像是危险的，里面藏着敌人。另外，菲利普说那四个瓶子和花瓶(这些都是代表着女性容纳特质的沙具)都装满了毒药。和令人恐惧的恐龙和蝎子一样，这些元素在他的意识里可能被认为是可怕和危险的。因为这些都是从潜意识中涌现出来的新的心理品质，对于意识来说都是未知陌生的内容，所以会第一反应被理解成威胁。尽管经历了潜在的危险，宝藏最后还是物归原主，所有的敌人也都被关了起来。我们希望，随着菲利普沙盘游戏的进行，可以看到他更有能力去坦然接受他的内在心灵。最后在故事的结尾，菲利普以其特有的幽默感，将故事从一个比较严肃庄严的氛围拉入一个愚蠢的小争论中：鬼骑士与雕像为了到底谁该为他们的入狱负责而争执起来。

菲利普沙盘 3

菲利普沙盘 **3a**

菲利普沙盘 **3b**

菲利普沙盘 3c

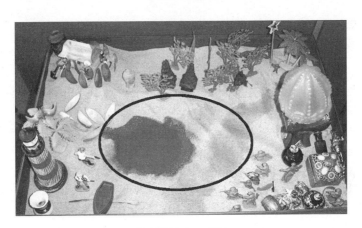

菲利普沙盘 3 分区

菲利普的故事

沙盘 3

宝藏的象征

　　很久很久以前，有一个美丽的国家，但那里充满了危险。有流沙，印度安人和士兵。士兵们带着一大箱宝藏来到这里，他们听说这里的印度安人和牛仔拥有很多钻石。士兵的首领命令他的军队发起进攻，一场漫长的战役开始了。但是士兵们没有注意到一个印度安人和一个牛仔偷偷溜到了他们的宝藏那里，并把宝藏带走了。随后巨大的塔打开了，印度安人和牛仔发现了一个雕像，就把它带走了。

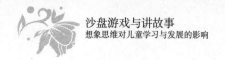

军官得知后狂怒，他要喝威士忌。喝了酒他变得糊里糊涂，他又要了一瓶，士兵就又给了他一瓶。但是他们都没有仔细看瓶身上的字，实际上瓶子里装的是毒药，他们所有人都尝了这"酒"，所以他们都被毒死了。

菲利普告诉治疗师宝藏代表了许多不同的事物：

黄金是山脉

珍珠是大海

钻石是火山

项链是丛林

菲利普还说木质雕像可以给印度安人和牛仔好的建议，"……然后它转了过来"。

讨论

菲利普沙盘3

在沙盘3里，上一盘中央位置的堡垒和里面的印度安人被放在了一个更开阔的地方。沙盘中央靠左的位置有一个大湖，有许多独木舟停在岸上。另外，沙盘2里右上角的蓝色船在这里被放在了反向(左下角)的位置。在船下面有许多珠宝，看起来这里有丰富的资源可以帮助他航行于这片水域。

沙盘2里中央受保护的区域，现在已经变成了一个又大又丰富的区域，在这里，一些新的或不同的内容可以涌现出来。这种可能性通过大湖表现出来，打开水域，也是打开了未知的潜意识。或许我们可以期待一些新的心理品质从这里(潜意识深处)涌现出来，并将会有足够的发展空间。

不过，威胁依然存在。菲利普告诉我们，士兵们实际上是一群抢夺他人财宝的强盗。他创造了一条溪流一样的湿沙，就是他说的"流沙"，作为大湖与敌人之间的一道防线。士兵们入侵这片美丽祥和的土地，对人们发起进攻。他们想抢得更多的财宝，并计划从牛仔和印度安人手上偷取钻石。随着菲利普的内心更加开放，出现了更多新的可能，威胁感和不安全感也会随之出现。这些新出现的能力可以得到安全顺利的发展并最终被意识化吗？菲利普心理功能的哪些方面直接影响了他的整体心理功能？显然，菲利普有学习障碍，同时他又有着很有价值的内在资源，是否是因为在日常的学校学习环境中这些资源并没有被足够地发掘或被意识到，又或者是因为他还不能将自己的内在资源在神经系统里整合到实际操作水平。

菲利普的故事告诉我们，贪婪的入侵者不会得逞，一名勇敢的印度安人和一个牛仔通力合作，设法夺回了宝藏。另外，他们还发现了一个神奇的雕像，它可以根据自己的意志转身，并且能够给人们提供明智的建议。勇敢的英雄们机智隐秘地逃过了敌人的守卫。他们潜入敌人的阵营，收回了被偷的东西。

菲利普选择了一对奇怪的英雄组合，牛仔和印度安人。在传统文化中，这两个族群是把彼此视为对立的敌人的。然而，在这里二者象征性地一起工作，潜伏进士兵的营地，并有了丰厚的收获。可见尽管存在威胁，菲利普可以在内心获得新的"财富"，而这些财富将会帮助他，指引他。

并不是勇敢的英雄消灭了入侵者。有趣的是，是敌人粗心大意误喝了毒药，消灭了自己。他们失去了控制，没有能力看管这些宝藏。虽然他们带来了宝藏，但因为缺乏警惕性而又失去了宝藏。他们不了解这些宝藏的巨大价值，也不能够合理地利用这些财富。在菲利普的故事里，他告诉我们，一些财富没有得到合理地利用而被浪费掉了，但是现在这些财富回到了有能力的人手上。也许他在形成新的神经通路，可以帮助他进行更高水平的脑神经系统内垂直方向的整合，这整合将准确地将他的低级脑区功能与高级思维能力联系起来。

有趣的是，菲利普强调这些宝藏其实都是来自自然界的元素：山脉、大海、火山和丛林。他把自己的故事命名为《宝藏的象征》，也是在确认这些宝藏具有非凡的意义。它们并不是些简单的漂亮摆件或容易被弄坏的小饰品。它们是大地上丰富的、维持生命的资源。通过将一对彼此对立的敌人(牛仔和印度安人)联合在一起，并潜入异域(地方阵营)，菲利普的内心已经进入一个新的领域，获得了新的内心品质和潜能。这些心理品质和潜能必须得到足够的尊重和关爱。

菲利普沙盘 4

菲利普沙盘 4

菲利普沙盘 4 分区

菲利普的故事
沙盘 4

丛林里的堡垒

　　从前有一片丛林。丛林里有一个小堡垒。里面有一队好人。这群人(军队)很聪明，但是有一天来了一群坏蛋。战士们开始商量对策。后来他们有了个主意，并悄悄地一个传一个。战争爆发了。坏人闯进了丛林来抢宝藏。但当他们刚走进丛林，就听到"举起手来"，战士们把他们团团围住。

　　坏人的首领很生气，他冲自己人大喊大叫。他们想知道战士们是怎样找到他们的。战士们说他们决定等待，直到坏人进入丛林，然后他们就可以包围坏人了。最终，坏人们决定逃走，而战士们则过上每天都很欢乐的生活。

讨论
菲利普沙盘 4
　　在菲利普之前的沙盘中，我们看到了沙具从一边向另一边的移动，就像座桥梁，将两个世界连接了起来。不过，日常生活与原型世界依然是彼此分开的。在沙盘 4 中，沙盘左半部分开始了这两个世界之间的整合。新发现的宝藏、心灵世界与日常生活融合在一起，而堡垒正保护着这个新的融合。内心出现的新的心理品质(原型的内容)，是初级又脆弱的。它还很稚嫩，必须加以保护，以期发展。故事里，敌人在堡垒的外面。一对猫头鹰再次出现了，在沙盘左上角的位置，以此来确定这是在智慧中开展的工作。

随着新的心理内容的出现，在沙盘4里我们看到了大量方与圆的图形。这分别代表着女性和男性的力量。从这一点来看，在菲利普的内心，这些能量还都处于原型的状态，还没有整合或联结起来。沙具分散的摆放，也没有一个沙具具有将两种图形结合的特征，可见还没有形成新的内心整合。堡垒的方形和堡垒里面，如财宝箱、房子、桌台等的方形，都在强调着方与圆原型整合的必要性。

在沙盘游戏中，我们通常会看到两种彼此对立的力量，而后就是新的心理品质的出现(卡尔夫，2003)。随着内心准备产生新的心理品质，彼此对立的压力也在增加。在这种压力下，通常对立的力量会在动态中取得平衡。随后，新的心理品质开始出现。在这些新的品质向意识水平浮现时，必须得到足够的滋养。另外重要的一点是，这些新的心理品质必须经历自性的中心化。通过中心化的过程，内心会意识到这些新的品质、能力出现了，而且这些能力也是自性整体中的一部分。

尽管作为咨询师，了解沙盘中出现的心灵疗愈和转化的图形很重要，但同时我们还必须要意识到，心灵本身有其独特的轨迹，在变化和发展的过程中，并无规则或范本可循(Turner，2005)。正如我们在菲利普的沙盘4中看到的一样，当新的品质在进行整合的同时，一些其他新的品质也开始了发展的初级阶段。这种在同一个沙盘里或一系列沙盘里发生的同步发展过程并不常见，这也强调了进行沙游疗法实践的治疗师必须要接受良好的训练。沙盘游戏中发生的治愈和发展的过程是高度复杂，很难理解的。

在流沙附近有四只恐龙。在上一盘中，有很多毒药。现在，我们有了抗毒素(药瓶)的保护，可以抵抗毒性。恐龙围绕着流沙，还有抗毒素的出现也许表明现在有方法来处理这些长久的问题了。不过，相对较大的瓶子立在沙盘的右方，这边是黑暗势力(坏人)的区域，而且瓶子立在流沙里。它是处在被吞噬的危险之中，还是在从内心深处涌现出来，我们还不确定。

有趣的是盘与盘之间，人物角色的对调改变。这一盘里士兵们是好人，而印度安人和牛仔是敌人。敌人的身份与上一盘进行了互换。也许菲利普也不清楚到底是自己内心的哪些因素破坏了他的心理功能，而哪些又是有积极作用的。又或许这种角色身份的改变也是他在进行神经系统连接的努力尝试。

菲利普沙盘 5

菲利普沙盘 5a

菲利普沙盘 5b

菲利普沙盘 5 分区

菲利普的故事

沙盘 5

暴君

从前有一片大陆，那里有一个小镇。但生活在那里并不是件好玩的事儿，因为那里住着一个暴君。暴君只想着收敛钱财，越多越好。他寻找有钱的人并把他们的钱抢走。人们都说这太不公平了，并决定要刺杀他。

暴君得到消息说有人带着枪和箭来打他，他气疯了。命令他的守卫去埋炸药，但守卫们说，"如果我们埋了炸药，你会马上引爆，把我们都炸飞"。最后，暴君命令他的守卫带着他们的武器去和对方战斗。

当人们看到暴君的卫队，民众的首领说："这可能会是场艰难的战斗，他们可能会打败我们。我有了一个更好的主意。送一封投降信给暴君。然后我打扮成侍者的样子，用毒水毒死他。"

他们把信寄了过去，暴君非常开心，决定举行一场派对。他要了一杯饮品，然后伪装成侍者的首领递给了他有毒的水。暴君尝了水后倒在地板上，挣扎着死了。

暴君的守卫们都逃到独木舟上，并写信说他们永远不会回来了。最后人们拿回了所有的金子。

讨论

菲利普沙盘 5

菲利普很开心地来制作今天的沙盘，在玩的过程中聊了很多。他最开始使用的沙具是电影《花木兰》里的两个人物，他边做边谈论着这部电影。然后将这

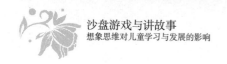
两个沙具又放回到沙架上。这对选择沙具总是很确定的他来说是很少见的。也许他正在试着突破自己的习惯性思维，并更愿意去尝试一些新方式。

与沙盘 4 一样，村庄和宝藏都在沙盘的左半边。但在沙盘 5 中，暴君带领的坏人们包围了村庄。与沙盘 4 中一样，好人是由牛仔和印度安人组成的，在沙盘的右半边，就在大片水域的另一边。这盘里的堡垒并没有上一盘中的那么紧密。堡垒周围的墙壁发生了变化，而且他将一些财宝放在了堡垒外面靠近沙盘左下角的位置。更加开阔的水域表明菲利普已经准备好去探寻潜意识中的内容。

在沙盘右侧的中央位置，牛仔和印度安人上方，心灵类的元素又出现了。菲利普在这里聚集了他上一盘里使用过的三个雕像：毗湿奴神(印度教中的生命之神)，在他身边是拿着莱杜(laddu 是印度节庆时制作的一种特殊甜点)跳舞的小克利须那神，还有一个木质的半身佛像。在三个神灵旁边，菲利普用一块红宝石作为祭品来装饰圣坛。他边告诉治疗师这些好人信仰神，边用两根黑色的长羽毛来标记着这片神圣的区域，同时很仔细地在祭坛周围制作了流沙，保护这里免遭破坏。他还做了一个流沙陷阱来保护这些好人，免受来自沙盘左下方敌人的入侵。

这是菲利普第一次在作品中使用羽毛。我们之前提到过，羽毛是心灵和飞鸟的象征。古文明中，羽毛被用于与神进行沟通。在古埃及文化中，葬礼中的审判仪式就包括将死者的心与一片羽毛来进行比重，以此评判死者对神的归顺和他在人间的罪孽(Wasserman，2008)。菲利普在沙盘右下角棕榈树顶上放了一只玻璃小鸟，也同时反映出了羽毛代表的灵性特质。

在这一盘里，菲利普重复了上一盘的主题。包括：一名贪婪的暴君，他的邪恶队伍，一对更聪明、会利用财宝、毒药而智取的好人。暴君没有丝毫的同情心或好的品性，他是一个具有毁灭性的威胁力量。而菲利普又一次用自己的聪明和幽默制服了这个消极力量。在沙盘中，他让好人这方送了一封假的投降信，将好人的首领乔装成一名侍者，并把毒药呈给了暴君。他的这种幽默感很可爱，并且对于他这个年纪的孩子来说，他有着丰富的幽默感。贪婪的暴君被这一小群带着枪箭的精明人用计谋打败了。暴君被毒死，他的守卫逃跑了。菲利普告诉治疗师暴君一味地追求富有，对穷人没有任何怜悯之心。他说："他从穷人身上搜刮了所有的东西，他太贪婪了。"

菲利普又一次在主人公中分出了正反两派，并在沙盘中作了分区，但这次，双方之间发生了大量的互换和互动。起初，好人这方准备用枪箭进攻，后来他们按计划寄送了一封假的投降信，这需要信息的往来和回应。接下来，冒充的侍者进入敌区，递送毒药。

　　沙盘里骨头被扔得到处都是，暗示着有些东西已经死去。他不再需要那些并不能帮助到他的心理品质。已经逝去的，将为新生的品质提供足够的空间。

　　有趣的是，菲利普很频繁地在沙盘里使用那个亮红色的桌锯，它常常是菲利普口中"宝藏"的一部分。这会是一个小男孩的魔力幻想吗？也许他希望有一天他会拥有自己的桌锯。或许它的出现更多是和亮红色的颜色有关，这颜色代表着深情、激情和愤怒。他需要这种能量来继续自己艰难的心灵重整过程。

菲利普沙盘 6

菲利普沙盘 6

菲利普沙盘 6 分区

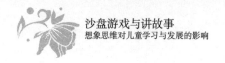
菲利普的故事
沙盘6

与纳粹的战争

从前有一个美丽的国家，人们信仰神灵。但是有一天，纳粹来了，他们想带走人们所有的金子。人们说："不许把金子从我们这里带走。"但纳粹军官笑了，说道："下一次，我会带走更多的金子。"因为他很贪婪。

人们说："我们得想想办法。"一个战士说："我们可以请英国人和美国人来帮忙。"战士们送了一封信到英国和美国寻求帮助。最终，他们得到了援助，取得了胜利，赶走了所有的纳粹。

讨论

菲利普沙盘6

菲利普很高兴地来上沙盘课，他这次用第二次世界大战中的故事作为背景创建他的沙盘。他又一次对自己的作品非常满意，并询问治疗师她是否也认为这是个很棒的作品。

沙盘5里靠近中央位置的开阔水域，在这一盘里长出了一片森林。沙盘里依然有水域，是在右上角的位置，跟上一盘相比更小一些。看来，菲利普在上一盘中打开的潜意识（水域）里所获得的心理品质，现在正以绿色森林的形式成长着。在这一盘里，菲利普继续了他经典的故事主题：贪婪、偷盗、战斗并夺回财宝，物归原主，但这是第一次在故事中通过寻求帮助而解决了问题。也许这是一个积极的转变，而这转变是通过他与治疗师在沙盘游戏的过程中共同努力获得的(Jung, 1985)。

沙盘左下角的桌子和茶具，是菲利普今天放入沙盘的第一组沙具。坐在桌旁拿着弓箭的印度安人是放入的最后一个沙具。通常当潜意识中的一些新内容浮现出来时，我们会在沙盘里看到喂养抚育的主题。就如同一个新生的婴儿，心灵的新内容也必须得到滋养才能正确地成长发展。沙盘6中，上一盘湖的位置成长发展出了一片森林，现在心灵有空间去滋养这新的成长并为其提供养分（茶桌）。值得注意的是，每支队伍都有一名成员坐在桌旁。看来，内心彼此分隔的部分现在聚集在了一起，来摄取营养。有了这种对立面的平衡统一，内心新的成长将会成为可能。

在菲利普的每个沙盘中都会出现容器和花瓶。容器或花瓶通常被看作完整的女性，大母神，或是生命之源的象征(Neumann, 1972)。容器也是炼金术中的"管道"，质的转化在这里发生(Jung, 1968)。沙盘中，菲利普用两排容器将茶桌的区域围了起来，并在这个方形区域里撒了一些珠宝。茶桌边对立面的融合，在四个花瓶和一个财宝箱的包围下，被很好地包容起来，而这种新融合的神圣品质也通过大量的珠宝体现了出来。

　　沙盘 6 中对立与平衡的能量模式随处可见。在对角上，左下角是疗愈、滋养品质的呈现，右上角则是远古的具有吞噬性的动物力量。在另一组对角上，左上角聚集着坏人的队伍，而右下角则是好人与他们的神。同样代表着这种对立的，还有两组对立的人物，而在沙盘左下角，他们每队一人坐在一起喝茶。菲利普呈现了内心所有原始的、破坏性的力量之间的斗争以及他与这些力量的抗争，并以疗愈的仪式(喝茶)将它们联合到了一起。

菲利普沙盘 7

菲利普沙盘 7

菲利普沙盘 7 分区

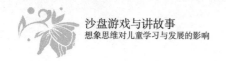

菲利普的故事

沙盘 7

夺宝奇兵和西部荒原的失败的强盗

有一天在纽约，印第安纳琼斯正在和其他人聊天。他说自己打算去寻宝，这时一个人给他看了一群坏强盗的照片，这群强盗也正打算去寻宝。印第安纳琼斯看到照片惊呆了，因为照片上的一个坏人正是曾经索要雕像并骗了自己的人。

琼斯去找自己认识的一个女人，请求那个女人把她父亲留给她的那条项链给他，因为项链上面的图案是藏宝图。那个女人要琼斯第二天过去。

接着琼斯碰到了那些坏人，他们也想要得到那条项链。坏人的首领得到了那条项链并烧伤了自己。然后他去寻找藏宝箱。琼斯和他的朋友们开着吉普车带着机关枪一路跟着他。后来琼斯上了藏着藏宝箱的卡车，并从纳粹手里夺过卡车，将坏人首领推出了卡车并驶向开罗，在那里琼斯带着藏宝箱乘船回纽约去了。

讨论

菲利普沙盘 7

菲利普首先放入沙盘的是一个红色的宝石。他说这是颗魔法石，他要做一个宝藏。在红宝石周围摆放珍珠、金子和彩色石头时，菲利普说那些坏人(纳粹)已经偷走了宝藏。他又一次摆放了两支彼此对立的队伍。好的一方连同三尊神像被放在沙盘左上角，坏的一方分散在周围。尽管仍然是冲突的主题，但这个沙盘在整体结构上更具平衡性和对称性。敌人的堡垒占据了沙盘的右半边，并用一排整齐的栅栏(椭圆形的木片)围了起来。栅栏后的灯塔矗立在中心的位置，左右两侧各有一座木质建筑。好人的一方也一样用栅栏在左上角围了起来，剩下的沙盘中央开阔区域里有树木、野生动物和敌军。

在这个沙盘里，我们可以看到一些二和三的组合。数字二象征着新事物的出现。沙盘里成对出现的有：鱼、卡车和两只勇猛的野兽：一只狮子和一只黑豹。两条鱼代表着与心灵有关的能量。两辆坚固的卡车也许代表着与身体有关的能量，因为卡车是一种由人驾驶操控的运输工具。这两样沙具放在一起，象征着身体与心灵，两者构成了人类的本质。另外，两只勇猛的野生动物代表着本能的力量。狮子是万兽之王，是丛林中勇敢强大的统治者。在早期的基督教里，据说是豹子将人们从撒旦(或恶魔)手中拯救了出来(Waldau，2006)。和狮子以及其他野生大猫一样，豹子也以其凶猛的行动和力量而闻名(de Gubernatis，1978)。它的黑色皮毛常被看作阴暗女性力量的代表，不过在一些文化中，也会把这看作太阳和男性力量的代表(De Vries，1984)。两只大猫代表的力量也通过在接近沙盘中央位置，黑豹附近的三只大象呈现出来。大象除了有浓厚的家庭关系外，它们还是力量与能量的象征。它们是坚韧的代表，工作时非常努力，以超强的记忆力、智慧和高贵而闻名(Waldau，2006)。菲利普使用了三只不同的大象：一只黑色大象、一只为典礼而装饰起来的稍小点的大象，还有一只在沙盘下方靠近沙盘内壁的小白象。白象通常与怜悯和仁慈有关。

这五只野生动物(两只大猫和三只大象)所代表的品质都集中在沙盘中央的区域，看起来菲利普的内心开始在构建一个整合、强壮、能干的人。

在数字的象征意义中，"三"的组合具有生长和创造力量的动态能量(Eastwood，2002)。在菲利普沙盘7里，有三只大象、三座神像、三个红色沙具。这三个红色沙具尤其有趣：龙虾、红宝石和卡车。红色是一种代表力量、激情、积极男性力量的色彩(Gage，2000)。火红色的卡车是一种坚固的交通工具，这可能暗示着菲利普的力量和热情正在发展运动。池塘中两条鱼的旁边是红色大龙虾，是又一个积极发展的暗示，龙虾会清理池塘底部的脏东西，会清洁水质，而这象征着可以更容易进入潜意识之中。在龙虾的旁边放了两条鱼，我们也许可以推测一场心灵的洗涤正在发生。第三个红色沙具就是红宝石，一个有魔力的财宝，这可能是自性的前身。

让人深有感触的是，菲利普在一盘又一盘里不断使用了三个神像，而且在提到好的一方时会说"他们是信仰神灵的"。尽管菲利普有学习困难，他会因自己的特殊或缺陷而感到痛苦，但在他的沙盘作品中，他努力去澄清、重整、联结起不同的心理功能，这所有的工作都是以一个核心信念为基础的，而这信念是超越了他自身的。在初始沙盘中，我们还记得菲利普往烛台里加水，并说"献给上帝"，并在他随后的所有沙盘中都使用了神像。尽管他意识里对于自己所使用的三尊神像有何意义一无所知，但显然这些神像对他的工作很有意义，并成为他工作的核心点，他的工作都围绕此展开。

菲利普沙盘 8

菲利普沙盘 8

菲利普的故事

沙盘 8

大小堡垒之间的战争

　　从前在南美，有三个堡垒。韦杜克（Welduko）陆军上校拥有大的那个堡垒。中等大小的堡垒建于古代，它属于一个印第安首领。而小的堡垒里则是丛林护卫队。

　　有一次陆军上校韦杜克从印第安首领那里偷来了一些钻石。他们吵了起来。战争随之爆发。屠杀相当恐怖。丛林护卫队受够了这种嘈杂、骚乱和愚蠢的行为，他们在交战双方之间建起了一堵墙，来停止他们的战争。然后两方部队都试着打破那堵墙，继续战斗。丛林护卫队问他们为什么要打仗，而他们已经记不起原因了。陆军上校韦杜克突然想起来了："对不起，是因为我偷了那些钻石。"印第安首领说："算了，你拿去吧。"故事就这样结束了。

讨论

菲利普沙盘 8

　　菲利普在沙盘 8 中首先放入的沙具是上一个沙盘里的两辆卡车。他们被摆成一排，准备离开战场。宝藏(红宝石、钻石和珍珠)被收集起来并安全地保存在大箱子里。三尊神像再次出现，但是这次被分散摆放，并与各自周围发生的事结合在一起。在沙盘 7 中的那个单独的灯塔在这个沙盘中变成了两个，暗示着菲利普监督或理解的能力得到了进一步发展。

当他在沙盘里创造两个对立的堡垒时，他的故事也在发展，发生在菲利普系列沙盘中的战争在慢慢平息，最终结束。从沙盘 1 到沙盘 7，冲突总是关于被贪婪和残忍的敌人所偷走了的宝藏。沙盘 8 中，丛林护卫队成为调解人，他们在两个阵营之间建立起一堵墙，想要停止这场争斗。菲利普这个沙盘的故事展示了他特有的诙谐幽默和他对人性的深刻理解。菲利普说，两方仍决心继续战斗，但事实上双方已经忘记了他们为何而战。当双方都意识到自己的荒谬行为时，他们讲和了。在游戏过程中菲利普问治疗师，她想与哪一边结盟，然后告诉她正义的一方在沙盘的右边。他还提到，丛林护卫队"有点野蛮"。

鉴于菲利普丰富的想象力，我们一点也不会稀奇，他选择的调解人是一群五颜六色的人物。从象征意义来看，他们代表着智者的原型，能够解决冲突化解危机。很明显可以起到这种作用的品质一定是超出常规期望范围内的。在对立性斗争的压力中，这些新的品质涌现出来。在荣格的人格理论中，"有点野蛮的"调解人是在自我的对立面不再稳定时，内心超越功能的产物（Jung，1981）。当意识中的自我，遭遇了无法处理的情况时，自我会尽最大的努力，使用现有的心理技巧或心理品质来处理这个问题。但实际上这些已有的能力都不能应对这个新的挑战。这时，潜意识会产生同样有力、也同样不够充分的心理品质来试着在目前并不稳定的状态下创造稳定感。举例来说，这就像是一个人总觉得自己不配担任要职，而这样的态度会严重破坏内心自性中心化原则的平衡性，所以潜意识会产生另一个态度来平衡这种失衡。那这个人可能就会觉得自己很优秀。内心就会在不足和优秀之间来回摇摆振荡，直到两股对立力量达到平衡，这振荡才会停止。两极对立力量的平衡可以让心灵进入潜意识水平，获取新的心理内容，而这些新的内容将可以解决内心的冲突。在沙盘 8里，菲利普发生了质的改变，获得了新的能力和品质，终于可以将旧的冲突解决掉了。事实上，他告诉我们，"他们"都不记得为什么而战了。

值得注意的是，除了陆军上校韦杜克骑的马，沙盘里没再出现任何动物。当菲利普解决了内心的冲突，他进入了一个只有人类和神的世界。他离开了代表着原始力量原型的战争，进入一个更加人性化、更加文明的世界里。

菲利普沙盘 9

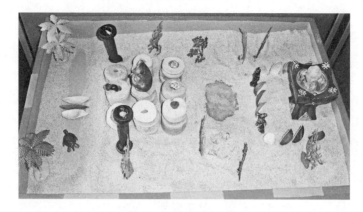

菲利普沙盘 **9a**

菲利普沙盘 **9b**

菲利普的故事
沙盘 9

神龙大侠与大龙

从前在埃及有一个超乎想象的很特别的地方。是一座神庙。如果你走进庙宇，就会穿越到古代的中国。

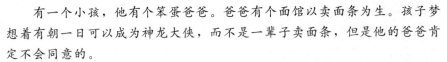

　　有一个小孩，他有个笨蛋爸爸。爸爸有个面馆以卖面条为生。孩子梦想着有朝一日可以成为神龙大侠，而不是一辈子卖面条，但是他的爸爸肯定不会同意的。

　　有一天，小男孩正在给顾客端面，庙宇中的三个武士来到了面馆并留下一封信。信上说庙宇的住持昂戈威(Ungvey)师傅将要挑选一位神龙大侠。

　　现在我们来到了武士的庙宇。昂戈威师傅正在与他的徒弟说话，他说大龙(一个坏人)要回来了。

　　现在我们要到关押着大龙的监狱去看看。送信人跟随着监狱长，监狱长给他们指了指大龙所在的位置。接着大龙弄碎了自己的锁链，成功越狱了。昂戈威师傅选择了这个男孩作为神龙大侠并训练他。晚上的时候，大龙来到了庙宇，神龙大侠与他打了起来。男孩用了一招吴氏断脉指，大龙被炸飞了。

　　从此以后，所有人在中国的武士之庙过上了幸福的生活。

讨论

菲利普沙盘 9

　　菲利普说他要做一个有魔力的金字塔，并开始了这次的沙盘，但后来他说这是一个埃及的庙宇。他说人一旦进入庙宇，他(她)就会被传送到一个超越了日常时间和空间的地方，具体说就是"穿越到古代的中国"。与之前的所有沙盘明显不同，这样的景象在散发着一种神秘的光辉。这是"temenos"，是圣殿。它宁静、和平、美丽、纯净。菲利普的沙盘 9 就是"自性的展现"(Kalff, 2003 & Turner, 2005)。在这一盘中，菲利普接触到心灵的最深处。他将自己新发展的心理品质固定在人格的中心原型(自性)中。在荣格的人格理论中，自性被看作所有外在表现的根源，也同样是人心灵回归的终点(Jung, 1980)。在西方的圣经中，这可能被比作以上帝的样貌来塑造人形的过程。我们读到《创世纪》1：26－7(修订标准版)：

　　　　神说，我们要照着我们的形象，按我们的样子来塑造人……
　　　　上帝按照自己的形象，以上帝的形象造人，上帝创造了人。

　　当沙盘游戏中的来访者彻底解决了自己的内心冲突，能够获得新的心理品质时[这新的品质将帮助他(她)以新的心理状态在现实世界里生活]，沙盘游戏的历程将到达心灵的中心。在新的品质进入意识水平之前，心灵必须首先承认它们来源于自性，而且确认它们已经与中心原型(自性)相融合。在这种方式下，新的品质才会进入意识水平。自我会与自性更加协调统一，并会承认这一中心原型(自性)的重要权威。

自性的整合体现在菲利普庙宇的搭建中，他用软木圆盘排成了3×3的结构，形成了一个用圆形组成的方阵。通过这样的制作，他从原型角度，将代表着心灵的天空(圆)和代表着身体的大地(方)整合在了一起。在庙宇顶上，他放了一只在之前沙盘中出现过很多次的代表智慧的猫头鹰。他用两根木质的柱子标注出这个神圣的空间，并在柱子和庙宇上都放了珠宝。之前沙盘中主要作为被抢夺的财宝的红宝石，现在在庙宇的顶上，闪耀着自己所有的荣光。一个最圣洁的空间，或者说"至圣所"，在沙盘右边的中央位置出现，一些木片栅栏和克利须那神、毗湿奴神的雕像将这个区域隔离出来，里面一尊半身佛像被放在了圣坛之上。

在沙盘左边，单独一只乌龟在小溪里游泳。作为对菲利普在沙盘游戏过程中坚定步伐进行自己心灵之旅的奖励，小乌龟将自己的家背在了背上。它是整合的、坚韧的并时刻与自己的家在一起。另外，乌龟就在菲利普用一根树枝两片木片搭成的像蝴蝶一样的建造旁边。蝴蝶象征着转化过程，随着它的生长，它会从卑微的毛毛虫蜕变成一种华美的有翼昆虫。也许这建造充当起了跨过水域，进入神圣庙宇的桥梁作用，在那里，一个人开始在自性中转化。

菲利普故事中的英雄：一个可怜卖面人的儿子，成了神龙大侠，并征服了邪恶的大龙，也反映出他沙盘中所代表的转化象征的主题。菲利普告诉治疗师，他的故事是基于他看过的一部电影，在电影中，英雄学会了特殊的本领和技能，从而可以完成艰难的任务。虽然菲利普是从一部流行电影中挑选了故事主题和人物，但其实这也是他个人的传奇，是在沙盘游戏中打开的，他的潜意识的故事。战争已经结束。新发展的心理品质融入了自性，并做好了被意识化的准备。

菲利普沙盘 10

菲利普沙盘 **10a**

菲利普沙盘 10b

菲利普的故事

沙盘 10

奇妙星球

　　从前有一颗星球，名叫"奇妙星球"。这不是一颗普通的星球，因为有一个外星人住在那里，这很神奇！外星人生活得很开心，感觉很不错。

　　一天，外星人醒过来出门散步。他决定穿过花园。然后他来到了一个山洞跟前，并被关在了里面。外星人自我保护的武器是一种微弱的电流，当他愤怒时电流就会变强。他感到非常难过和受伤，所以发出了强烈的电流，把山洞上的石头炸开了。当光线照进山洞，外星人看到了许多钻石。他带上一些钻石离开了山洞。他觉得这天过得很享受。

讨论

菲利普沙盘 10

　　菲利普上一盘中自性中心化的影响在沙盘 10 中更加明显。我们来到了一个外星人平和舒适的家，外星人是来自外太空的新生物。这个家也许在引导着自我开始将新发展的心理品质整合进意识水平的过程。当然，对于自我来说，这些新的心理品质看起来就像"外星人"(Jung, 1970)。在他装饰得稀奇古怪的家里，小绿色的外星人是菲利普转化的心灵的完美象征物。外在的显意识水平的世界与装满了珍贵珠宝的山洞代表的内心世界之间达成了平衡。

　　在菲利普制作这个沙盘的时候，他和同学们正在学习关于外太空、星球、外星人和宇宙飞船的章节，他在自己的沙盘中使用了这个主题。菲利普在使用他挑选的沙具方面非常有创造力。外星人就是在桌旁，坐在白色椅子里的一小块绿色多刺的橡皮球，他的宇宙飞船就是沙盘右下角金色的灯帽。此外，他还非常有创造性地使用其他的沙具来装饰外星人的房子。他用鸟骨头代表灯，用海胆代表沙发。一个心形的塑料盒子是外星人花园里的池塘。菲利普用石头搭了一个大山洞。并用珠宝装饰了最大的岩石，这需要他高度集中注意力，因为珠宝总是一次次滑落，需要不断重新摆放。菲利普非常开心，并问了治疗师六次，她是否觉得这个沙盘棒极了。整个沙盘都能让人感受到关心、爱护和友好。沙盘左下角的婴儿床已经准备好迎接他新生的自性。菲利普在心形的池塘中加了水，虔诚地蘸着水涂抹大岩石，他在保护自己的内心世界，并尊重其丰富内在心灵的神圣天性。

菲利普现在已经来到了自己的内心世界，并有了可以发掘自己内在资源的方法。在他的故事里，外星人被关在了山洞中，但他可以通过自己的电流武器帮助自己重获自由，而这个武器的效力全取决于他的自身感受。由于他感到非常难过和受伤，一股巨大的电流被激发，它炸开了山洞，同时也让外星人发现了钻石。选择温和的电流作为一种自我保护的装置，这想法太奇妙了。也许山洞中的这股电流可以被看作一种隐喻，它代表着意识与潜意识之间良好的神经功能性连接，以及从低级脑功能、边缘系统到大脑前额皮质层的垂直整合。非常有趣的是，只有当外星人勇于承认并回应自己的感受时，宝藏才会被发现。看起来，通过沙盘游戏，菲利普 ADD 症状下的神经功能障碍现在正在进行康复性地神经整合。另外，有趣的一点是，外星人觉得并不需要拿走山洞中所有的钻石。故事的结尾是他回了家。

菲利普沙盘 11

菲利普沙盘 11

菲利普的故事

沙盘 11

王后和首领

从前，有一个美丽的国家，但发生了麻烦事。小岛（国家）被分成了两部分。拥有一半国家的王后有很大一笔宝藏。国家的另外一半被一个首领所拥有，他没有宝藏。

由于王后和首领都想要得到整个国家，因此，战争开始了。很多人都逃离了这里，最后王后胜利了。王后和首领决定谈判，并决定要和平共处。之后，他们过着幸福的生活，并在国家的两个部分之间修建了一座桥。

讨论

菲利普沙盘 11

这天，菲利普很高兴地来玩沙盘游戏。他首先在沙盘里摆放树木，又在沙盘中间开了一条长长的水道。士兵的身影再次出现了。菲利普制作这个沙盘时，他八岁大。士兵是这个年龄男孩的沙盘中常见和常用的人物，在这个阶段，男孩开始处理他们作为男性的角色问题(Turner，2005)。虽然这个沙盘让我们想起了他之前的战斗，但这与之前还是有性质上的差异的，在这里，他直接提出了女性力量的核心价值。

这是菲利普系列沙盘中，女性担当主要角色的第一个沙盘。在沙盘 7 的故事里也提及一位女性，但是没有在沙盘里出现。在这个沙盘中，菲利普把一个小的金环放到王后的头上作为王冠，并把故事取名为：王后和首领。

在王后统治下的沙盘左半边有大量的财宝，对比之下，右半边的首领没有任何财富。菲利普告诉我们他们发动了战争，王后胜利了。然而，王后不但没有夺去首领的土地，她还和首领达成了合作协议。王后和首领共建和平，并在两片土地之间修建了一座桥。

在这个沙盘中，女性力量被提高到受到高度尊重的位置，是一种作为男性内心对女性应有的尊重。在荣格分析心理学中，王后可能被看作阿尼玛的前身，菲利普将在他的青春期中更充分地发展这个内在原型(Jung，1981)。尽管菲利普还太小，真正的阿尼玛还不得涌现，但他的内心已经承认并意识到女性力量的重要价值。在故事里，如果没有女性，男性就不会有任何财宝。在这个

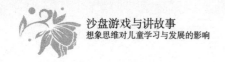

沙盘中，菲利普内心的男性力量意识到他来源于女性力量。意识，心理的理性面，承认了潜意识(女性力量)的价值和必要性。在女性心理中，阿尼姆斯或男性力量需要给内心带来秩序，并清楚未知的女性阴暗面。相反，在由理性占主导的男性心理中，必须要接受女性力量的存在和其存在的重要性，从而可以达到自性的平衡和整合。菲利普的故事告诉我们，女性力量的珍贵价值，以及在男性人格充分发展中的必要性。

如果将沙盘11放在菲利普的整个沙盘游戏历程中去看，我们可以发现菲利普发掘的新的心理品质是如何进入意识水平的。在沙盘右边首领的男性队伍可以被看作意识的区域。这个地区没有宝藏，但是他们需要财富。相反，在沙盘左边王后管辖下的区域里，大量的珍宝就是菲利普在整个沙盘游戏历程中发展获得的新的心理品质。王后的土地是菲利普在沙盘游戏历程中获得的女性力量或者潜意识内容。大量的财富出现在这里，但它们现在还没有被意识化。

让我们回顾菲利普之前的系列沙盘，在从沙盘1到沙盘5面对了许多冲突之后，菲利普在沙盘6中开始寻找解决之道(茶桌边的和解)。在这之后，新的心理品质出现，并继续在沙盘7和沙盘8中发展，最终对立方的战斗结束了。在沙盘9中菲利普的心灵得到转化，出现自性中心化。心灵确认了自性是新品质的源泉。在此之后，将发生新品质意识化的过程。在沙盘10里，菲利普为新发展出来的自性，创建了一个全新的丰富的世界。最终，刚刚形成的新品质将进入意识水平。在沙盘11中，从男性和女性力量之间的差异、不平衡到最终的合作，菲利普将这个过程完成。在完成了两种原型之间的协同合作后，菲利普告诉我们："……他们从此过着幸福的生活。"

菲利普的沙盘游戏历程出色地展示了，当适当的时机和环境促进内心的疗愈和发展时，人类心灵所拥有的深度和自愈能力。很明显，菲利普经历了巨大的转变。被卡尔夫描述为"自由和受保护的空间"，这两大激发心灵改变的必要因素，让菲利普可以安全地解决自己的内心冲突、获得新的心理品质、实现自性中心化，并将这些新获得的能力和观念整合进意识水平，整合进自己的人格中。

菲利普沙盘 12

菲利普沙盘 12

菲利普的故事
沙盘 12

海盗游乐场的秘密

很久以前，有一个古老的海盗游乐场。但它被海盗们瓜分了。海盗船长拥有了摩天轮，舵手拥有了鬼屋，厨师拥有了旋转木马，品尝食物的海盗得到了过山车。其他的海盗一起拥有了射击场。

在一个封闭的房子里有一个宝盒，里面有许多钻石、翡翠、红宝石、黄钻石、紫钻石、珍珠和金砖。

许多人都去游乐场玩。一天游乐场所在的小岛沉到了海底。宝藏随之消失，但据说海盗们在海里生活着，而且游乐场继续在海里运转。现在，故事结束了。

讨论
菲利普沙盘 12

一开始，菲利普做了一个圆形水域，他把水域扩大，最后变成了一条从左至右贯穿整个沙盘的河流。接着他用沙子把水域覆盖起来，并宣布他知道他要做什么了，他要给自己的故事命名为"海盗游乐场的秘密"。在故事快要结束的时候，他才透露了这个秘密：游乐场沉入海底，并在水下世界继续运转。公开

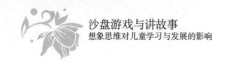
了秘密后，他简洁地说："现在，故事结束了。"是的，菲利普的沙盘游戏工作也告一段落。

这次的沙盘与以往所有的沙盘都不同。在这里，士兵是游乐场的游人。菲利普富有创造性地使用他找到的沙具来搭建他的游乐场，并且在建造过程中很有耐心。游乐场的搭建需要足够的耐心，由于一些结构总是不断滑落，需要他不断地重复搭建。他用奶酪盒制作了摩天轮和过山车的车厢，用一个木质卷线轴、一些软木盘、小棍和马制作了旋转木马，用一些石头制作了鬼屋，一个小篮子作为射击场，他仔细地在石头上平稳地放了筷子作为过山车的轨道。

在沙盘的上方，菲利普又使用自己特有的灵性表达，制作了一个场景作为游乐场的背景。在曾经放过三尊神像的位置，他分别放了三根白色羽毛。印第安酋长坐在圣坛的顶上，俯瞰着这里的嘉年华，珠宝盒就在圣坛的旁边。菲利普以自己钟爱的方式，设计了一个孩子们都会喜欢的嘉年华，他在告诉治疗师在沙盘游戏过程中他有了多大的收获，而这些收获将在他的内心世界持续起效。在沙盘游戏过程中，他寻找到的内在资源将在他心灵深处继续工作，而且现在这些资源就是他的一部分。

回顾菲利普的作品，在充满想象的游戏过程中，他展现出自己的温暖感人、聪明智慧、可爱的幽默感和探索内心不断成长的渴望。通过沙子、象征和他的故事，菲利普已经拥有了自信和效能感。当然，他还会继续遇到学习上的困难和障碍，但从现在开始，他相信自己，相信自己有克服困难的能力。并且，他激活了强大的内心联结，这将持续滋养他的成长和发展。与菲利普这样的孩子一起工作就像是一份上天的礼物，每当咨询结束时，我们都发觉自己是一名幸福的受益者，与他们的工作不断地让我们坚信人类的无限可能。最后，菲利普说："现在，故事结束了。"是的，我们的工作确实结束了，感谢你，菲利普。

结束语

在上述四个孩子的沙盘游戏历程中，我们通过沙盘里和故事中象征性内容的变化，追踪了他们整个心理变化的过程。由于沙盘游戏中定性象征性工作的研究与心理测评的定量研究存在基本范式上的差异，我们不能说言语理解分数或智商总分的提高与使用右脑的沙盘游戏和讲故事的过程直接相关。但是以上案例的分析，清晰地表明了孩子们可以处理自己的内心冲突或障碍，他们可以冲破内心的挑战，并向着更整合、更完整的心理功能发展。即使是阿尔达这个孩子，也在她的沙盘游戏和讲故事的过程中，展示出令人钦佩的处理自己的问题以及发展新的内在力量的能力。不幸的是，她的家庭环境并不能支持她持续地发展。沙盘游戏中的想象过程让孩子们获得了以往难以获得的心理技巧和心理品质；而讲故事，在继续激发右脑象征性过程的同时，也激活了他们的语言中枢。许多个案的心理测评结果都证实，在体验了沙盘游戏后，孩子们的能力得到了显著提高。

这个课题的研究才刚刚开始，需要更多的研究来进一步发展相关的内容。但是作为对沙盘游戏和讲故事对儿童学习发展中想象思维的影响初探，本书支持了许多杰出儿童发展专家的观点，那就是，儿童是在游戏和关系的互动中进行学习的。

我们了解教育经费的有限，学校资源的稀缺。我们，还有许多关爱儿童的专业从业者，同样都意识到，我们的许多孩子并没有得到可以让他们成为一个对社会有用的人，可以让他们受益终身的教育。太多的学校只把注意力集中在各种各样的测验考试里，这并不是在学习。而且由于对考试的过度重视，老师无法引导孩子去独立思考，或以更富创造性的思维方式加工信息。这样的现状让许多优秀教师非常沮丧，他们无法实践自己的理想。我们坚信，教育必须以孩子的发展需要为第一考虑因素。课程设计和教育领域的管理者必须重视并坚持实践在许多研究中都已得出的确切结论：孩子有多种不同的学习方式，而所有的学习和创造性思维都是在游戏中得到促进的。我们坚信，经过多年的沙盘游戏实践以及本书得出的结论，沙盘游戏和讲故事这种自由安全的象征性游戏将在儿童教育中大放异彩。尽管沙盘游戏是在沙箱里进行，但是作为孩子的启蒙者，我们需要把自己的思考延展到沙箱之外。我们需要为孩子提供适合他的学习方法，我们需要将教育的权利还给那些优秀的教育工作者。

学习与发展是人类天性中固有的心理需要，对成人和孩子都一样。最后，

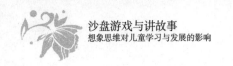

我们希望可以发展出可提供创造性学习的教育环境，培养我们的孩子，让他们成长绽放。这将是无止境的过程。荣格(1981a)提醒我们，我们需要一生都关注自己的这些方面：

> 每个成年人的内心都有一个小孩——一个永久的小孩，他总是会时不时地跑出来，需要得到我们不断地关注和照顾。这就是人格中需要发展继而更加完整整合的部分。(pp. 169-170)

希望我们的工作能够为人类这种不懈的努力做出一点贡献。

相关资源

如果想了解在您的国家或地区，有哪些沙盘游戏疗法的培训、工作坊，或如何成为一名认证的沙盘游戏治疗师(CST)，或认证的沙盘游戏治疗师(CST-T)，可咨询：

国际沙盘游戏疗法学会
www. isst-society. com
Martastrasse
140 8003Zürich
Switzerland
E-mail：isst. bamert@gmail. com
Phone：0041(0)44 558 97 96

美国沙盘游戏治疗师协会
www. sandplay. org
PO Box 4847
Walnut Creek，CA 94596
USA
E-mail：sta@sandplay. org
Phone：(925)478—8103

希望通过受训，成为一名沙盘游戏治疗师的心理健康从业者，请联络：
芭芭拉·A. 特纳(Barbara A. Turner)博士
注册沙盘游戏治疗师——老师(CST—T)
注册游戏治疗师——督导
PO Box 305
Cloverdale，CA 95425 USA www. barbaraturner. org
E-mail：drbarb@barbaraturner. org

沙盘游戏疗法基础理论的在线课程，请登录：
www. temenospress. com /learning

了解特纳博士撰写和编辑的其他书目，请登录：
www. temenospress. com

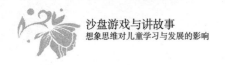

术语表

Anima and Animus 阿尼玛与阿尼姆斯

是指男性与女性心中各自相反性别的心理品质。阿尼玛是男性心中的女性意象，阿尼姆斯是女性心中的男性意象。为了人格的和谐稳定，男性需要在内心与自己的阿尼玛建立起合作关系，同样，女性的心理也必须要与内在的阿尼姆斯之间建立起健康和谐的关系。通过阿尼玛和阿尼姆斯，心灵得以到达原型的中心——自性。

Anthropos 人类

完整、整合、稳定、和谐的人。

Archetypes 原型

人类心灵世界的核心范本或基本模板。通过遗传世代相传，构成了人类共有的心理经验。原型存在于集体潜意识中。

Collective Unconscious 集体潜意识

由本能和原型组成。包括了人类的所有潜能和历史。集体潜意识跨越了时间和文化的差异。图像和象征是潜意识的语言。神话传说和童话故事也是关于人类集体潜意识的故事。在大脑中，集体潜意识是右脑的功能。

Compensation，Compensatory Product 补偿，补偿产物

当自我与自性并不协调统一时，为了恢复心理的平衡状态，潜意识中产生的心理内容。补偿产物与自我中有偏差的思维、想法和自我认知一样，都是不平衡的。由于这两种心理产物的彼此对立，从而造成了内心的紧张，继而激发了来自潜意识的象征性产物来解决自我的困境，重新恢复心灵的平衡，将自我与自性更好地融合统一。

Consciousness 意识

可以被意识到的心理内容。荣格认为意识有四大心理功能，人类通过意识来收集来自内心和外部世界的信息。

Directed Thinking 定向思维

以理性和推理为主要特征的思维模式。以逻辑为基础的左脑加工过程。

Ego 自我

意识的核心特征。自我倾向于坚持已知的信息。自性化的目标就是让自我与核心原型自性之间更协调一致，通过这样的过程让意识觉察并接纳它的资源与目标都源自自性。

Fantasy or Undirected Thinking 想象思维或发散思维

以潜意识过程为主要特征的思维模式。以图像和直觉为基础的右脑加工过程。

Feminine 女性化

女性的心理主要是女性化(女性特质)，光明(积极)面以感受性、抚育繁衍和集体协作为主要特点，女性力量的阴暗(消极)面具有猛烈的吞噬性和毁灭性。

Four Functions 四种功能

认知的四种功能，通过这四种功能个体从内部和外部世界接收信息，分别是：思维、情感、感觉和直觉。每个个体在使用这些能力上都有不同的个性化组合。自性化过程的一个目的就是分辨出我们通过哪种功能模式来接收信息。

Individuation 自性化

将自我调整至与自性和谐一致的过程。这个过程通过对阴影的同化接受，以及减少那些将意识中的人格与潜意识分隔开的个体潜意识而发生。

Masculine 男性化

男性的心理主要是男性化(男性特质)，积极面以理性、逻辑、保护、果断、坚持为主要特点。消极面的男性特质是死板的、管控的、暴力的。

Personal Unconscious 个体潜意识

最接近意识的潜意识部分，包括了阴影的内容。

Polar Opposition 两极对比现象

当自我偏离了自性，心灵失衡时，就会发生这种现象。为了恢复内心秩序产生了补偿产物。但补偿产物所承载的是与偏离的心理内容完全对立相反的能量。这就产生了两极化的两股力量，让心灵暂时平稳。这种两极化的力量产生巨大的压力，迫使心理潜入潜意识中去寻求、获取可以解决自我的问题的新的心理内容。

Self 自性

潜意识中的核心原型，提供内心的秩序、形态和人生的意义。自性是一切的根源，生命的目标是回归至自性。

Shadow 阴影

被意识到的个性特征，但自我无法接受的内容。被重新压抑至潜意识，就在意识水平以下。阴影的特质可能是消极的也可能是积极的。比如，某个人无法接受吝啬这个消极的特质，所以将它压抑至阴影中。如果一个人一直被视为不太聪明，那么他真正的智慧，这一积极特质，也可能就被压抑进阴影中。

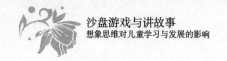

Symbol 象征

在潜意识中产生的，以图像和直觉为基础的心理产物，促进自我的发展，促进自我与自性更加统一和谐。当意识缺乏解决所面临危机的技巧时，象征就会出现。象征会迫使个体的意识和潜意识共同工作带来心理的成长和发展。

Transcendent Function 超越功能

在发生心灵危机或适应性困难时，超越或上升跨越的过程，就发生在自我的两极对立状态中。当自我被迫在意识水平上同时接受两极的对立内容时，就产生了超越功能。但让意识同时接受彼此完全对立的内容，这种状态是难以维持长久的。这种僵持会导致心灵的压力无处可去，因此，被迫进入潜意识，在那里获取可以解决自我危机，让自我更好地与自性协调一致的新的心理内容。

Unconscious 潜意识

人类日常意识水平以下的心理功能区域。新的心理产物来自潜意识。潜意识总是先于意识。是以图像为特征的右脑加工过程。

参考文献

Achenbach, T. M. (1991). *Manual for the Child Behaviour Checklist/4-18 and 1991 profile*. Burlington: University of Vermont, Department of Psychiatry.

Adam, J. M. (1985). *Le texte narrative. Traité d'analyse textuelle des récits*. Paris: Nathan.

Adler, A. (1970). *The education of children*. Salt Lake City, UT: Gutenberg Publishers.

Arbib, M. (2002). The mirror system, imitation, and the evolution of language. In C. Nehaniv, & K. Dautenhahn (Eds.), *Imitation in animals and artifacts* (pp. 229-280). Cambridge, MA: MIT Press.

Armstrong, T. (1999). *7 Kinds of Smart: Identifying and developing your multiple intelligences*. New York, NY: New American Library.

Arnold, E. (1970). *The song celestial the Bhagavad Gita*. London: Routledge & Kegan Paul Ltd.

Badenoch, B. (2008). *Being a brain-wise therapist: A practical guide to interpersonal neurobiology*. New York, NY: W. W. Norton & Company, Inc.

Barkley, R. A. (1990). *Attention-Deficit Hyperactivity Disorder: A Handbook for diagnosis and treatment*. London: Guilford Press.

Barkley, R. A., Murphy, K. R., and Bush, T. (2001). Time perception and reproduction in young adults with attention deficit hyperactivity disorder. *Neuropsychology* 15, 351-360.

Beck, J. S., Beck, A. T., Jolly, J. B. and Steer, R. A. (2006). *Beck Youth Inventories of Emotional and Social Impairment*. 2. Ed. San Antonio, TX: Psychological Corporation.

Bergström, M. (1998). *Neuropædagogik: en skole for hele hjernen*. Köbenhavn: Hans Reitzel.

Biederman, J., Monuteaux, M. C., Doyle, A. E., Seidman, L. J., Wilens, T. E., Ferrero, F., & Faraone, S. V. (2004). Impact of executive function deficits and attention-deficit/hyperactivity disorder (ADHD) on academic outcomes in children. *Journal of Consulting and Clinical Psychology*, 72(5), 757-766.

Birnbaum, R. (1979). *The healing Buddha*. Boston, MA: Shambala Publications.

Birren, F. (1961). *Color psychology and color therapy: A factual study of the influence of color on human life*. Whitefish, MT: Kessinger Publishing, LLC.

Blakeslee, S. & Blakeslee, M. (2008). *The body has a mind of its own: How maps in your brain help you do (almost) everything better*. Kindle edition. New York, NY: Random House Digital Inc.

Boleyn-Fitzgerald, M. (2010). *Pictures of the mind: What the new neuroscience tells us about*

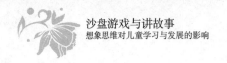
who we are. Upper Saddle River，NJ：FT Press.

Bradway，K. & McCoard，B. (1997). *Sandplay—Silent workshop of the psyche*. New York，NY：Routledge.

Brown，S. & Vaughan，C. (2009). *Play：How it shapes the brain，opens the imagination，and invigorates the soul*. New York，NY：Avery.

Budge，E. A. W. (1904). *The gods of the Egyptians：Studies in Egyptian mythology*. Chicago，IL：Open Court Publishing.

Cajete，G. (1999). *Native science：Natural laws of interdependence*. Santa Fe. NM：Clear Light Books.

Campbell，J. (2008). *The hero with a thousand faces*. Novato，CA：New World Library.

Cattanach，A. (1994). *Play Therapy. Where the Sky Meets the Underworld*. London：Jessica Kingsley Publishers.

Chodorow，J. (Ed.) (1997). *Jung on active imagination：Key readings selected and introduced by Joan Chodorow*. London：Routledge.

Coe，Michael D. (1972). "Olmec jaguars and Olmec kings". In E. P. Benson (Ed.)，*The cult of the feline*. (pp. 1-12). Washington，DC：Dumbarton Oaks.

Cooper，J. C. (2004). *An illustrated encyclopaedia of traditional symbols*. London：Thames & Hudson.

Damasio，A. (2010). *Self comes to mind：Constructing the conscious brain*. New York，NY：Pantheon Books.

Darian，S. G. (1978). *The Ganges in myth and history：A study of mythology，symbolism，sculpture，and history of the Ganges river*. Honolulu，HI：University Press of Hawaii.

de Gubernatis，A. (1978). *Zoological mythology or the legends of animals*. New York，NY：Arno Press. (Original work published 1872).

De Vries，A. (1984). *Dictionary of symbols and imagery*. Amsterdam：Elsevier Science Publishers B. V.

Doidge，N. (2007). *The brain that changes itself：Stories of personal triumph from the frontiers of brain science*. New York，NY：Penguin.

Dong，L. (2010). *Mulan's legend and legacy in China and the United States*. Philadelphia，PA：Temple University Press.

Dreikurs，R. & Dinkmeyer，D. (2000). *Encouraging children to learn*. London：Routledge.

Eastwood，P. S. (2002). *Nine windows to wholeness. Exploring numbers in sandplay therapy*. Honolulu，HI：Sanity Press.

Eliade，M. (1974). *Shaminism：Archaic techniques of ecstacy*. Princeton，NJ：Princeton University Press.

Eliade，M. (1991). *Images and symbols：Studies in religious symbolism*. Princeton，NJ：

Princeton University Press.

Eliade, M. (1996). *Patterns in comparative religions*. Lincoln, NE: University of Nebraska Press.

Elkind, D. (2007). *The power of play: Learning what comes naturally*. New York, NY: Da Capo Press.

Ferguson, G. W. (1966). *Signs and symbols in Christian art*. Oxford: Oxford University Press.

Finke, R. A. (1986, March). Mental imagery and the visual system: What is the relation between mental imagery and visual perception? Recent work suggests the two share many of the same neural processes in the human visual system. *Scientific American*, 254(3), 88-95.

Fox, C. (1993). *At the very edge of the forest: The influence of literature on storytelling by children*. London: Cassell.

Frazier, S. H. (Ed.). (1975). *A psychiatric glossary: The meaning of terms frequently used in psychiatry*. New York, NY: American Psychiatric Association.

Friedrich, P. (2006). Revolutionary politics and communal ritual. In Swartz, M. J.; Turner, V. &. Tuden, A. (Eds.), *Political anthropology*. Chicago: Transaction Publishers.

Gage, J. (2000). *Color and meaning: Art, science, and symbolism*. Berkeley, CA: University of California Press.

Gallese, V. &. Lakoff, G. (2005). The Brain's Concepts: The Role of the Sensory-Motor System in Conceptual Knowledge. *Cognitive Neuropsychology* 22, 455-79.

Gallese, V. (2007, April). Before and below 'theory of mind': Embodied simulation and the neural correlates of social cognition. *Philosophical Transactions of the Royal Society: Biological Sciences*, 362(1480), 659-669.

Gazzaniga, M. S. (1998). *The mind's past*. (Kindle Edition) Los Angeles, CA: University of California Press.

Gimbutas, M. (1982). *The gods and goddesses of old Europe: Myths and cult images*.
Berkeley, CA: University of California Press.

Glasser, W. (1975). *Schools without failure*. New York, NY: Harper and Row.

Glazier, M. &. Hellwing, M. K. (Eds.). (2004). *The modern Catholic encyclopedia*. Collegeville, MN: The Order of St. Benedict.

Golinkoff, R. M., Hirsh-Pasek, K. &. Singer, D. G. (2006). Why play=learning: A challenge for parents and educators. In Singer, D. G., Golinkoff, R. M. &. Hirsh-Pasek, K. (Eds.), *Play = learning: How play motivates and enhances children's cognitive and social emotional growth* (pp. 3-14). Kindle Edition. New York, NY: Oxford University Press.

Goodenough, E. R. (1992). *Jewish symbols in the Greco-Roman period*. Princeton, NJ:

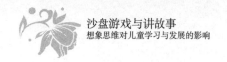

Princeton University Press.

Greenspan, S. I. & Wieder, S. (2009). *Engaging autism: Using the floortime approach to help children relate, communicate, and think*. Cambridge, MA: Da Capo Lifelong Books.

Guðmundsson, E., Skúlason, S. & Salvarsdóttir, K. S. (2006). *WISC-Ⅳ IS. Mælifræði og túlkun*. Reykjavik: The Psychological Corporation.

Haber, R. N. (1983). The impending demise of the icon: A critique of the concept of iconic storage in visual information processing. *Behavioral and Brain Sciences*, 6, 1-11.

Hausman, G. & Hausman, L. (2000). *The mythology of cats: Feline legend and lore through the ages*. New York, NY: Berkley Trade.

Hellige, J. B., Laeng, B. & Michimata, C. (2010). Processing asymmetries in the visual system. In Hugdahl, K. & Westerhausen, R. (Eds.) The two halves of the brain: Information processing in the cerebral hemispheres, (pp. 367-415). Cambridge, MA: MIT Press.

Henderson, J. L. (1990). Ancient myths and modern man. In C. G Jung (Ed.), *Man and his Symbols*. (pp. 104-157). London: Penguin Arkana.

Homer's *Odyssey*. (2000). Lombardo, S. (Trans.). Indianappolis, IN: Hackett Publishing Company.

Howard, J. H., Howard, D. V., Japikse, K. C. & Eden, G. F. (2006). Dyslexics are impaired on implicit highter-order sequence learning, but not on implicit spatial context learning. *Neuropsycholgica*, 44, 1131-1144.

Huizinga, J. (1955). *Homo ludens: A study of the play-element in culture*. Boston, MA: Beacon Press.

Iacoboni, M. (2008). *Mirroring people: The new science of how we connect with others*. New York, NY: Farrar, Straus and Giroux.

Indiviglio, F. (2001). *Seahorses: Everything about history, care, nutrition, handling, and behavior*. Hauppauge, NY: Barron's Educational Series.

Jung, C. G. (1968). *Psychology and alchemy*. Princeton, NJ: Princeton University Press. Jung, C. G. (1970). *Civilization in transition*. Princeton, NJ: Princeton University Press.

Jung, C. G. (1976). *Symbols of transformation: An analysis of the prelude to a case of schizophrenia*. Princeton, NJ: Princeton University Press.

Jung, C. G. (1977). *Psychological types*. Princeton, NJ: Princeton University Press.

Jung, C. G. (1979). *Freud and psychoanalysis*. Princeton, NJ: Princeton University Press.

Jung, C. G. (1980). *The archetypes and the collective unconscious*. Princeton, NJ: Princeton University Press.

Jung, C. G. (1981a). *The development of personality*. Princeton, NJ: Princeton University Press. Jung, C. G. (1981b). *The structure and dynamics of the psyche*. Princeton, NJ:

Princeton University Press.

Jung, C. G. (1985). *The practice of psychotherapy: Essays on the psychology of the transference and other subjects*. Princeton, NJ: Princeton University Press.

Kalff, D. M. (1988). *Sandplay in Switzerland*. (Seminar notes). Zurich: University of California at Santa Cruz.

Kalff, D. M. (2003). *Sandplay: A psychotherapeutic approach to the psyche*. Cloverdale, CA: Temenos Press.

Konorski J. (1948). *Conditioned reflexes and neuron organization*. Boston, MA: Cambridge University Press.

Kris, E. (1988). *Psychoanalytic explorations in art*. New York, NY: International Universities Press.

Langton, E. (1949). *Essentials of demonology: A study of Jewish and Christian doctrines, its origin and development*. London: AMS Press Inc.

Lakoff, G. (1987). *Women, fire, and dangerous things: What categories reveal about the mind*. Chicago, IL: University of Chicago Press.

Lewin, K. (1935). *A dynamic theory of personality*. New York, NY: McGraw-Hill.

Luria, A. R. (1932). *The nature of human conflicts*. New York, NY: Liveright.

Lüthi, M. (1986). *The European Folktale: form and nature*. Bloomington: Indiana University Press.

Malek, J. (1997). *The cat in ancient Egypt*. Philadelphia, PA: University of Pennsylvania Press.

Martin, T. (2005). *The world of whales, dolphins, & porpoises: Natural history & conservation*. Minneapolis, MN: Voyageur Press.

Martindale, C. (1989). Personality, situation, and creativity. In J. A. Glover, R. T. Ronning, & C. R. Reynolds (Eds.). *Handbook of creativity*. (pp. 211-232). New York, NY: Plenum Press.

Mayes, C. (2005). *Jung and education: Elements of an archetypal pedagogy*. Lanham, MD: R & L Education.

Neill, A. S. (1984). *Summerhill: A radical approach to child rearing*. New York, NY: Pocket Books.

Neumann, E. (1972). *The great mother: An analysis of the archetype*. Princeton, NJ: Princeton University Press.

Noyes, M. (1981). Sandplay imagery: An aid to teaching reading. *Academic Therapy*, 17(2), 231-237.

Opie, I. & Opie, P. (Eds.). (1972). *The classic fairy tales*. London: Addey and Company. (Original version by Grimm, J. & Grimm, W. published 1853).

Opie, I. & Opie, P. (Eds.). (1997) *The Oxford dictionary of nursery rhymes*. London:

Oxford University Press.

Ouvinen, P. and Stam, B. (1999). *Jag tycker jagär* (I think I am). Psyckologiförlaget AB.

Oztop, E. , Kawato, M. and Arbib, M. (2006, April). Mirror neurons and imitation: A computationally guided review. *Neural Networks*, 19(3), 254-271.

Paley, V. G. (2005). *A child's work: The importance of fantasy play*. Chicago, IL: University of Chicago Press.

Penfield, W. (1977). *No man alone: A neurosurgeon's life*. New York, NY: Little, Brown and Company.

Piaget, J. (1962a). *The language and thought of the child*. London: Routledge & Kegan Paul. Piaget, J. (1962b). *Play, dreams, and imitation in childhood*. New York, NY: Norton.

Pinker, S. (2007, January). The mystery of human consciousness. *Time*, 29.

Ramachandran, V. S. (2000, May). Mirror neurons and imitation learning as the driving force behind "the great leap forward" in human evolution. Paper for Edge. org.

Reyna, R. (1993). *Dictionary of Oriental philosophy*. New Delhi: Munshiram Manoharlal Publishers.

Rizzolatti, G. ; Fadiga, L. ; Gallese, V. & Fogassi, L. (1996a). Premotor cortex and the recognition of motor actions. *Cognitive Brain Research* 3, 131-141.

Rizzolatti, G. ; Gallese, V. ; Fadiga, L. ; & Fogassi, L. (1996b). Action recognition in the premotor cortex. *Brain* 119(2), 593-609.

Rogers, C. R. (1977). *On Becoming a person. A therapist's view of psychotherapy*. London: Constable.

Russell, J. B. (1977). *The devil: Perceptions of evil from antiquity to primitive Christianity*. Ithaca, NY: Cornell University Press.

Sacks, O. (1990, November). Neurology and the Soul. *New York Review of Books*, *November* 22.

Salman, S. (1997). The creative psyche: Jung's major contributions. In Eisendrath, P. Y. & Dawson, T. (Eds.), *The Cambridge companion to Jung*. (pp. 52-70). Cambridge, MA: Cambridge University Press.

Samuels, A. , Shorter, B. & Plaut, F. (1997). *A critical dictionary of Jungian analysis*. London: Routledge & Kegan Paul.

Sherab, K. P. & Tsewang, K. (2010). *The Buddhist path: A practical guide from the Nyingma tradition of Tibetan Buddhism*. Ithaca, NY: Snow Lion Publications.

Singer, J. (1995). *Boundaries of the soul: The practice of Jung's psychology*. Dorset, U. K. : Prism Press.

Singer, J. L. (1999). Imagination. In Runco, M. A. and Pritzker, S. R. (Eds.), *Encyclopedia of Creativity*, *II*, (pp. 13-25). London: Academic Press.

Singer, J. L. (2006). Learning to Play and Learning Through Play. In Singer, D. G., Golinkoff, R. M. & Hirsh-Pasek, K. (Eds.), *Play=learning*: *How play motivates and enhances children's cognitive and social-emotional growth*, (pp. 251-260). Kindle Edition. New York, NY: Oxford University Press.

Singh, V. (1994). *The river goddess*. London: Moonlight Publishing.

Sperry, R. W. (1976). Hemispheric specialiation of mental faculties in the brain of man. In T. X. Barber (Ed.), *Advances in altered states of consciousness & human potentialities*, *Volume I*. (pp. 53-63). New York, NY: Psychological Dimensions, Inc.

Stewart, L. H. (1992). *Changemakers*: *A Jungian perspective on sibling position and the family atmosphere*. London: Routledge.

Storr, A. (1989). Individuation and the Creative Process. In P. Abbs (ed.), *The symbolic order*: *A contemporary reader on the arts debate*. (pp. 183-197). London: The Falmer Press.

Sturluson, S. (1984). *The prose edda*: *Tales from Norse mythology*. Berkeley, CA: University of California Press.

Suler, J. R. (1980). Primary Process Thinking and Creativity. *Psychological Bulletin*, 88, 144-165.

Sunquist, M. & Sunquist, F. (2002). *Wild cats of the world*. Chicago: University of Chicago Press.

Tatar, M. (1987). *The Hard Facts of the Grimms' Fairy Tales*. Princeton, New Jersey: Princeton University Press.

Turner, B. A. (2005). *The handbook of sandplay therapy*. Cloverdale, CA: Temenos Press.

Turner, B. A. (Ed.). (2004). *H. G. Wells' floor games*: *A father's account of play and its legacy of healing*. Cloverdale, CA: Temenos Press.

Turner, V. (1990). Are there universals of performance in myth, ritual and drama? In R. Schechner and W. Appel (Eds), *By Means of performance. Intercultural studies of theatre and ritual*, (pp. 8-18). Cambridge: Cambridge University Press.

Unnsteinsdottir, K. (2002). Fairy tales in tradition and in the classroom: Traditional and self-generated fairy tales as catalysts in children's educational and emotional development. (Unpublished doctoral dissertation). University of East Anglia, Norwich.

Vedfelt, O. (1992). *Drømmenes dimensioner. Drømmenes væsen, funktion og fortolkning*. København: Gyldendal.

Vitruvius, M. P. (2008). *De architectura*, *libri*. Charleston, SC: BiblioBazaar. (Original work published in first century bce).

von Buchholtz, J. (2007). *Snow White-She was quite a ninny, wasn't she?*! Atlanta, GA: C. G. Jung Society of Atlanta.

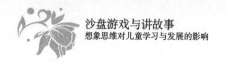
von Franz, M. L. (1989). *Eventyrfortolkning. En introduktion.* København: Gyldendal. von Franz, M. L. (1990). *Individuation in Fairy Tales.* London: Shambhala.

Vygotsky, L. S. (1978). *Mind in Society. The development of higher psychological processes.* M. Cole, V. John-Steiner, S. Scribner & E. Souberman (Eds.), London: Harvard University Press.

Waldau, P. (Ed.)(2006). *A Communion of subjects: Animals in religion, science, and ethics.* New York, NY: Columbia University Press.

Wasserman, J. (Ed.). (2008). *The Egyptian book of the dead: The book of going forth by day.* Chicago, IL: KWS Publishers.

Wechsler, D. (1992). *Wechsler Intelligence Scale for Children. 3th ed. UK. Manual.* London: The Psychological Corporation.

Weinrib, E. L. (2004). *Images of the self: The sandplay therapy process.* Cloverdale, CA: Temenos Press.

Wickes, F. (1988). *The inner world of childhood.* Boston, MA: Sigo Press.

Wilson, F. R. (1999). *The hand: How its use shapes the brain, language, and human culture.* New York, NY: Vintage Books.

Yang, C. K. (1961). *Religion in Chinese society: A study of contemporary social functions of religion and some of their historical factors.* Berkeley, CA: University of California Press.

Zelan, K. & Bettelheim, B. (1982). *On learning to read.* New York, NY: Vintage.

索 引